新完全マスター 語彙

日本語能力試験
ベトナム語版

N3

伊能裕晃・本田ゆかり・来栖里美・前坊香菜子 著

スリーエーネットワーク

©2018 by Inou Hiroaki, Honda Yukari, Kurusu Satomi, and Maebo Kanako

All rights reserved. No part of this publication may be reproduced, stored in a retrieval system, or transmitted in any form or by any means, electronic, mechanical, photocopying, recording, or otherwise, without the prior written permission of the Publisher.

Published by 3A Corporation.
Trusty Kojimachi Bldg., 2F, 4, Kojimachi 3-Chome, Chiyoda-ku, Tokyo 102-0083, Japan

ISBN978-4-88319-765-1 C0081

First published 2018
Printed in Japan

はじめに

　日本語能力試験は、1984年に始まった、日本語を母語としない人の日本語能力を測定し認定する試験です。受験者が年々増加し、現在では世界でも大規模の外国語の試験の一つとなっています。試験開始から20年以上経過する間に、学習者が多様化し、日本語学習の目的も変化してきました。そのため、2010年に新しい「日本語能力試験」として内容が大きく変わりました。新しい試験では知識だけでなく、実際に運用できる日本語能力が問われます。

　本書はこの試験のN3レベルの問題集として作成されたものです。

　新しい「日本語能力試験」では、語彙に関して、まず、以下の3点が、今までの試験と大きく変わりました。

①試験の出題範囲となる語が約10,000語から約15,000語に増えた。

②どの語が試験に出題されるかを示す語彙リストが非公開となった。

③日本語を学ぶ人が、どのような状況（目標言語使用領域）で、何のために（課題）、日本語を使うかという観点から、試験に出題される語彙の選び直しが行なわれた。

　そして、このような変化に対応できるよう、本書は、以下のような特徴を持っています。

■本書の特徴

①日本語能力試験の語彙選出過程で使用された資料と同様の資料を使用し、同様の手続きを踏んで、語彙（全1,024語）を選出したため、**試験で出題される可能性が高い語**が学べる。

②例文や問題の作成にあたり、インターネット上の大規模言語データーベース（**コーパス**）を用い、自然で有用性の高い日本語の文を示すようにした。

③語彙力を養成するために、試験と同じ形式の練習問題だけでなく、**多種多様な形式の練習問題**を用意し、様々な角度から語彙学習ができるようにした。

④日本語を学ぶ人がどのような状況で、何のために日本語を使うか（目標言語使用領域）を想定し、**話題別**に言葉を学ぶ章を設けた。（本書第1部）

⑤過去20年分の問題や新しい試験のサンプルなどを分析して、「言い換え類義」「オノマトペ」「語形成」など、様々な**性質別**に言葉を学ぶ章を設けた。（本書第2部）

　本書は今までにない特徴を備えた問題集だと自負しています。ぜひ手に取って、日本語の語彙力を磨くために、使っていただければ、と思います。

著者

目次 Mục lục

はじめに

本書をお使いになる方へ vi

Hướng dẫn sử dụng sách x

実力養成編 Phát triển năng lực

第1部 話題別に言葉を学ぼう Phần 1: Học từ vựng theo chủ đề

1課　人間関係1：家族と友達、性格

　　Mối quan hệ con người 1: Gia đình và bạn bè, tính cách 2

2課　人間関係2：付き合い、気持ち

　　Mối quan hệ con người 2: Mối quan hệ, cảm xúc 6

3課　生活1：毎日の生活　Cuộc sống 1: Cuộc sống sinh hoạt thường ngày 10

4課　生活2：食生活　Cuộc sống 2: Thói quen ăn uống 14

5課　生活3：家　Cuộc sống 3: Nhà 18

実力を試そう（1課〜5課）Kiểm tra năng lực (từ bài 1 đến bài 5) 22

6課　体1：美容、健康　Cơ thể 1: Thẩm mỹ và sức khỏe 24

7課　体2：病気　Cơ thể 2: Bệnh tật 28

8課　趣味と旅行1：スポーツ、芸術

　　Sở thích và du lịch 1: Thể thao, nghệ thuật 32

9課　趣味と旅行2：ファッション　Sở thích và du lịch 2: Thời trang 36

10課　趣味と旅行3：旅行　Sở thích và du lịch 3: Du lịch 40

実力を試そう（6課〜10課）Kiểm tra năng lực (từ bài 6 đến bài 10) 44

11課　教育1：学校生活（小中高）

　　Giáo dục 1: Cuộc sống ở trường học (tiểu học, trung học, phổ thông) .. 46

12課　教育2：学校生活（大学）　Giáo dục 2: Cuộc sống ở trường học (đại học) .. 50

13課　仕事1：仕事　Công việc 1: Công việc 54

14課　仕事2：コンピューター、郵便、電話など

　　Công việc 2: Máy tính, bưu điện, điện thoại 58

実力を試そう（11課〜14課）Kiểm tra năng lực (từ bài 11 đến bài 14) 62

15課　社会1：事件、事故　Xã hội 1: Sự cố và tai nạn 64

16課　社会2：政治、経済　Xã hội 2: Chính trị và kinh tế 68

17課　社会3：行事、宗教　Xã hội 3: Sự kiện lễ hội, tôn giáo 72

18課　自然1：季節と天気、地理　Tự nhiên 1: Mùa và thời tiết, địa lý 76

19課　自然2：植物、動物など　Tự nhiên 2: Thực vật, động vật 80

実力を試そう（15課〜19課）　Kiểm tra năng lực (từ bài 15 đến bài 19) 84

20課　数と量　Số và lượng 86

21課　時間　Thời gian 90

実力を試そう（20課〜21課）　Kiểm tra năng lực (từ bài 20 đến bài 21) 94

第2部　性質別に言葉を学ぼう　Phần 2: Học từ vựng theo tính chất từ vựng

1課　和語動詞　Động từ thuần Nhật 98

2課　漢語動詞　Động từ Hán Nhật 102

3課　形容詞　Tính từ 106

4課　副詞　Phó từ 110

5課　オノマトペ　Từ tượng thanh 114

6課　間違えやすい漢語　Từ Hán Nhật dễ nhầm 118

7課　言い換え類義　Từ đồng nghĩa 122

8課　語形成　Từ ghép 126

模擬試験　Thi trắc nghiệm

第1回　.. 132

第2回　.. 135

索引　Bảng tra từ 138

別冊　解答　Phụ lục　Đáp án

本書をお使いになる方へ

■本書の目的

この本の目的は二つです。

①日本語能力試験 N3 の試験に合格できるようにします。

②試験対策だけでなく、全般的な「語彙」の勉強ができます。

■日本語能力試験 N3 語彙問題とは

日本語能力試験 N3 は、「言語知識（文字・語彙）」（試験時間 30 分）、「言語知識（文法）・読解」（試験時間 70 分）と「聴解」（試験時間 40 分）の三つに分かれていて、語彙問題は最初の「言語知識」で出題されます。

N3 の語彙問題は 3 種類あります。

1	文脈規定	前後の内容から（　）に入る言葉を選ぶ問題
2	言い換え類義	出題された語と似ている意味の言葉を選ぶ問題
3	用法	言葉の意味が正しく使われている文を選ぶ問題

■本書の構成

この本は、以下のような構成です。

実力養成編	第 1 部	話題別に言葉を学ぼう	21 課
		実力を試そう	5 回
	第 2 部	性質別に言葉を学ぼう	8 課
模擬試験	2 回		

索引　ふりがな付き、五十音順

別冊解答

詳しい説明をします。

第 1 部　話題別に言葉を学ぼう

日本語を勉強している N3 レベルの人が、どのようなときに日本語を使うかを考えて、話題を選んでいます。それぞれの課の内容は以下の通りです。

Ⅰ．言葉を覚えよう ≫

1-1、2-1　ウォーミングアップ（20 課・21 課以外）

質問に答えながら、自分の語彙力をチェックしてください。

あなたは日本語を使って、質問に答えられますか。

vi　── 本書をお使いになる方へ

1-2、2-2 言葉

話題に関係する語のリストと例文です。

N3で勉強する語は太字で書かれています。

翻訳を読んで、意味を確認してください。

また、試験には出ないかもしれないのですが、N3レベルの語で、その話題のときに、よく使われて、役に立つ語もリストに入れました。☆を付けましたので、こちらもできるだけ一緒に覚えてください。

1-3、2-3 やってみよう

1-2、2-2 の「言葉」で勉強した語を（　）に入れて、文や言葉を作る問題です。文や言葉の中で、どのように語が使われるか確認しましょう。

Ⅱ．練習しよう ≫

語彙を勉強するための、いろいろな練習問題があります。

よく一緒に使う語を選ぶ問題、助詞の問題、少し長い文章や話を完成させる問題など、いろいろな問題を解きながら、語の形と意味と使い方を勉強していきましょう。

実力を試そう

試験と同じ形の練習問題です。自分の語彙力を確認してください。

20点満点の小テストとしても使えます。

第2部　性質別に言葉を学ぼう

「和語動詞」「副詞」「語形成」「言い換え類義」など、語の性質別に勉強ができるようになっています。それぞれの課の内容は以下の通りです。

Ⅰ．言葉を覚えよう ≫

1-1、2-1 言葉

性質別に選ばれた語のリストです。例文とともに語を覚えてください。

N3で勉強する語は太字で書かれています。

1-2、2-2 やってみよう

1-1、2-1 の「言葉」で勉強した語を（　）に入れて、文を完成させる問題です。実際の文の中でどのように語が使われるか確認しましょう。

Ⅱ．練習しよう ≫

語の性質を勉強するための、いろいろな練習問題があります。

よく一緒に使う語を選ぶ問題、助詞の問題、語の使い方の間違いを直す問題など、いろいろな問題があります。問題を解きながら、語の性質を学んでいきましょう。

本書をお使いになる方へ ―― vii

Ⅲ．実力を試そう ≫

試験と同じ形の練習問題です。学んだ語が、どれだけわかっているか、確認してください。

模擬試験

本当の試験と同じ形の模擬試験が2回分付いています。

自分の今の実力を確認して、試験を受ける準備をしましょう。

索引

この本で勉強する、全部の語のリストです。

ひらがなが付いていますので、語を覚えるときにも使えます。

また、「する」を付けることができる語は「勉強（する）」のように、「する」を、な形容詞として使うことができる語には、「便利（な）」のように、「な」を付けました。よく確認してください。

☆を付けた語は、試験には出ないかもしれないのですが、N3レベルの人が勉強しておいたほうがいい、役に立つ語です。こちらもできるだけ、勉強してください。

別冊解答

問題を解いた後、必ず確認してください。

■記号の使い方

◯	●の語を入れて使う。
A・B	AとBは類義語である。
A／B	AとBは、意味が異なるが、入れ替えて使うことができる。
（　）	（　）の前の語を別の形で表わしたもの。

（例）

⑤ ◯ を提出する
　● レポート／課題／卒業論文（卒論）
⑥ ◯ を払う ● 授業料・学費
⑦ 大学の寮に住む
⑧ 一人で暮らす（一人暮らしをする）

■表記

漢字にはすべてひらがなで読み方が付いています。

■学習時間

自分一人で勉強する場合

第1部

「ウォーミングアップ」の後、「言葉」の翻訳を見ながら、語の意味を確認しましょう。必要なら、辞書やインターネットで調べてください。「やってみよう」を含め、15分から20分ぐらい時間がかかると思います。次に、「Ⅱ．練習しよう」をしてください。20分ぐらいで

viii —— 本書をお使いになる方へ

やってみましょう。慣れないうちは、30分以上かかるかもしれません。最後に、解答を確認してください。間違えた問題は、必ず辞書を調べて、間違えた理由を考えましょう。

「実力を試そう」も解いて、今まで勉強したところがわかっているか確認してください。

第2部

「言葉」の翻訳を見ながら、語の意味を確認しましょう。必要なら、辞書やインターネットで調べてください。「やってみよう」まですると、15分から20分ぐらい時間がかかると思います。

次に、「Ⅱ．練習しよう」をしてください。15分程度で終わると思います。

最後に、「Ⅲ．実力を試そう」をしてください。10分以内でできるように、頑張りましょう。

「Ⅱ．練習しよう」「Ⅲ．実力を試そう」が終わったら、解答を確認してください。間違えた問題は、必ず辞書などを調べて、間違えた理由を考えましょう。

教室で勉強する場合

第1部では、まず、「ウォーミングアップ」を行い、どの程度、既習語があり、どの語を新たに学ぶべきなのかを確認していきましょう。第1部、第2部ともに、「言葉」を確認していきますが、学生の理解度に応じて、さらに例文を補ってもよいと思います。学習する語がすべて新出語だった場合、第1部、第2部とも「言葉」の確認に30分以上の時間が必要となるでしょう。時間がなければ、「言葉」「やってみよう」を宿題として、予習させることにしてもかまいません。「Ⅱ．練習しよう」を実施するには、第1部は50分、第2部は30分程度の時間が必要でしょう。第2部の「Ⅲ．実力を試そう」も解答を解説しながらだと、30分程度の時間が必要になると思います。第1部、第2部ともに、2コマ（1コマあたり45分から50分）の授業で1課進むことを想定していますが、予習を前提とすれば、1コマの授業で1課を終えることもできるでしょう。

Hướng dẫn sử dụng sách

■ Mục đích của cuốn sách

Cuốn sách này có 2 mục đích:

① Giúp các bạn đọc có thể đỗ Kỳ thi Năng lực tiếng Nhật cấp độ N3;

② Không chỉ đáp ứng riêng cho Kỳ thi Năng lực tiếng Nhật, cuốn sách còn trang bị cho người học một vốn từ vựng nói chung.

■ Phần thi từ vựng của Kỳ thi Năng lực tiếng Nhật cấp độ 3

Đề thi Năng lực tiếng Nhật N3 bao gồm 3 phần chính: Kiến thức ngôn ngữ (chữ và từ vựng) Thời gian 30 phút, Kiến thức ngôn ngữ (ngữ pháp và đọc hiểu) (thời gian 70 phút), Nghe hiểu (thời gian 40 phút). Phần thi từ vựng được đưa ra ở môn thi "Kiến thức ngôn ngữ" đầu tiên.

Có 3 dạng bài từ vựng:

1   Điền từ theo mạch văn: dạng bài lựa chọn từ vựng trong ngoặc (   ) dựa vào nội dung đứng trước và sau đó.

2   Thay đổi cách nói: dạng bài lựa chọn từ vựng có nghĩa giống với từ đã được đưa ra.

3   Ứng dụng: dạng bài lựa chọn câu mà nghĩa của từ được sử dụng đúng.

■ Bố cục của cuốn sách

Cuốn sách có bố cục như sau:

Phát triển năng lực	Phần 1	Học từ vựng theo chủ đề	21 bài
		Kiểm tra năng lực	5 đề
	Phần 2	Học từ vựng theo tính chất từ vựng	8 bài
Thi trắc nghiệm	2 đề		

Bảng tra từ   Có phiên âm cách đọc và bảng chữ cái tiếng Nhật

Phụ lục đáp án

Phần 1   Học từ vựng theo chủ đề

Người học tiếng Nhật cấp độ N3 suy nghĩ xem mình sử dụng tiếng Nhật vào những tình huống nào để lựa chọn chủ đề. Nội dung của mỗi bài như sau:

Ⅰ. 言葉を覚えよう ≫

1-1、2-1 ウォーミングアップ（Ngoại trừ bài 20 và 21）

Vừa trả lời câu hỏi vừa kiểm tra vốn từ vựng của bản thân.

Bạn có thể sử dụng tiếng Nhật để trả lời các câu hỏi không?

1-2、2-2 言葉

Danh sách các từ vựng liên quan tới chủ đề và các ví dụ câu có sử dụng từ vựng đó.

Những từ vựng học ở cấp độ N3 sẽ được in bằng chữ in đậm.

Hãy đọc phần dịch để xác nhận rõ ý nghĩa của từ.

Ngoài ra, một số từ vựng có lẽ sẽ không xuất hiện trong kỳ thi nhưng được sử dụng khá nhiều trong các chủ đề liên quan nên chúng tôi đã bổ sung cả những từ vựng có ích vào danh sách từ vựng. Chúng tôi sẽ đánh dấu chúng bằng dấu ⭐ nên hãy cố gắng ghi nhớ thêm càng nhiều càng tốt.

[1-3、2-3] やってみよう

Là các bài tập điền các từ vựng được học ở phần [1-2、2-2] vào ( ) để tạo thành các câu. Hãy xác nhận xem trong các câu văn từ vựng nào sẽ được sử dụng.

Ⅱ. 練習しよう ≫

Chúng tôi đưa ra rất nhiều dạng bài luyện tập để các bạn học từ vựng.

Bài tập lựa chọn từ vựng, bài tập trợ từ, bài tập hoàn thành câu và đoạn văn ngắn... Hãy cố gắng vừa giải quyết các bài tập vừa học cách sử dụng và ghi nhớ ý nghĩa của từ vựng.

実力を試そう

Phần này chúng tôi sẽ đưa ra các bài tập luyện tập có hình thức giống với bài thi. Hãy làm để kiểm tra lại vốn từ vựng của bản thân mình.

Có thể sử dụng để làm các bài kiểm tra nhỏ với điểm số tối đa là 20 điểm.

Phần 2   Học từ vựng theo tính chất từ vựng

Bạn có thể học theo tính chất từ vựng như: "động từ thuần Nhật", "phó từ", "từ đồng nghĩa" v.v.. Nội dung của mỗi bài như sau:

Ⅰ. 言葉を覚えよう ≫

[1-1、2-1] 言葉

Là danh sách các từ được lựa chọn theo các tính chất từ vựng. Hãy ghi nhớ từ vựng cùng với các câu ví dụ.

Những từ vựng cấp độ N3 sẽ được viết bằng chữ in đậm.

[1-2、2-2] やってみよう

Là các bài tập điền từ đã học ở phần [1-1、2-1] vào trong ngoặc ( ) để hoàn thành câu. Hãy xác nhận xem từ vựng nào sẽ được sử dụng trong các câu văn trên thực tế.

Ⅱ. 練習しよう ≫

Chúng tôi đưa ra rất nhiều dạng bài tập để các bạn học từ vựng theo tính chất của từ.

Có rất nhiều loại bài tập như: bài tập chọn từ hay sử dụng cùng, bài tập trợ từ, bài tập sử lỗi sai trong cách dùng từ, v.v.. Hãy cố gắng vừa làm bài tập vừa học về tính chất từ vựng.

Ⅲ. 実力を試そう ≫

Phần này chúng tôi sẽ đưa ra các bài luyện tập có hình thức giống với bài thi. Hãy làm thử và kiểm tra xem mình hiểu về các từ đã học tới đâu.

Thi trắc nghiệm

Chúng tôi cung cấp cho các bạn hai đề thi trắc nghiệm có hình thức giống với đề thi thực.

Hãy kiểm tra lại năng lực hiện tại của bản thân để chuẩn bị tham gia vào kỳ thi thực.

Bảng tra từ

Là danh sách toàn bộ các từ được học trong cuốn sách này.

Vì có kèm theo cả cách đọc Hiragana nên bạn có thể sử dụng cả khi chưa nhớ Hán tự.

Ngoài ra, với những từ có thể đi với "する" chúng tôi sẽ thêm "する" ở đằng sau. Ví dụ: 勉強(する).

Với những từ có thể sử dụng như là tính từ đuôi -な, chúng tôi sẽ thêm "な" ở đằng sau. Ví dụ: 便利(な).

Nên bạn hãy xác nhận kỹ khi học.

Những từ được gắn dấu ✪ là những từ có thể sẽ không xuất hiện trong bài thi nhưng là những từ hữu ích mà người ở trình độ N3 nên học. Bạn đọc hãy cố gắng ghi nhớ cả những từ này nữa.

Phụ lục đáp án

Sau khi làm xong các bài tập, hãy xác nhận lại.

■ Cách sử dụng các ký hiệu

☐ Sử dụng các từ ở ● để điền vào chỗ trống.

A・B A và B là từ đồng nghĩa.

A／B A và B là từ có ý nghĩa khác nhau nhưng có thể sử dụng thay thế nhau.

( ) Biểu thị cho hình thức khác của cụm từ trước dấu ( ).

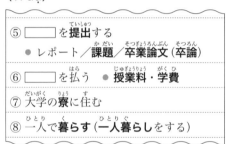

■ Phiên âm

Cách đọc của toàn bộ các Hán tự sẽ được phiên âm lên phía trên.

■ Thời gian học

Trường hợp tự học

Phần 1

Sau khi hoàn thành xong phần ウォーミングアップ, hãy vừa xem phần dịch của 言葉 vừa xác nhận lại ý nghĩa của từ. Nếu cần thiết, hãy tra từ điển hoặc tìm hiểu trên internet. Sẽ mất khoảng 15 đến 20 phút bao gồm cả phần やってみよう. Sau đó, hãy làm phần luyện tập ở mục Ⅱ. 練習しよう. Hãy thử làm trong vòng 20 phút. Khi chưa quen, có thể bạn sẽ mất khoảng 30 phút hoặc hơn để làm. Sau cùng, hãy xác nhận lại đáp án. Những bài tập làm bị sai, phải tra lại từ điển và hãy suy nghĩ lý do tại sao bị sai.

Hãy làm cả phần 実力を試そう để kiểm tra lại bản thân đã hiểu những điều được học từ trước tới nay hay chưa.

Phần 2

Vừa xem phần dịch của 言葉 vừa xác nhận lại ý nghĩa của từ. Nếu cần thiết, hãy tra từ điển hoặc tìm hiểu trên internet. Nếu làm đến phần やってみよう, bạn sẽ cần khoảng 15 đến 20 phút. Sau đó, hãy làm bài luyện tập ở phần II. 練習しよう. Có thể bạn sẽ cần khoảng 15 phút để hoàn thành phần luyện tập này. Cuối cùng, hãy thử kiểm tra năng lực của bản thân ở phần III. 実力を試そう. Hãy cố gắng để có thể hoàn thành trong vòng 10 phút. Sau khi làm xong phần II. 練習しよう và III. 実力を試そう, hãy xem lại phần đáp án. Những bài tập nào bị sai, phải tra lại từ điển và hãy suy nghĩ lý do tại sao bị sai.

Trường hợp học trên lớp

Trong Phần 1, đầu tiên hãy tiến hành ウォーミングアップ và xác nhận lại xem mức độ của từ đến đâu, có những từ nào đã học rồi và những từ vựng nào mới phải học. Ở cả Phần 1 và Phần 2 đều có xác nhận 言葉 nhưng bạn có thể bổ sung thêm các ví dụ câu khác tùy theo mức độ hiểu bài của sinh viên. Trong trường hợp tất cả các từ vựng ở đây đều là từ mới thì có lẽ cần khoảng 30 phút trở lên cho cả Phần 1 và Phần 2. Nếu không có thời gian hãy yêu cầu sinh viên chuẩn bị trước phần 言葉 và phần やってみよう như là bài tập về nhà. Để tiến hành làm phần II. 練習しよう thì có lẽ cần 50 phút cho Phần 1 và 30 phút cho Phần 2. Phần III. 実力を試そう nếu vừa giải thích đáp án nữa thì có lẽ mất khoảng 30 phút. Cả Phần 1 và Phần 2 đều giả định mỗi một bài sẽ được học trong hai tiết (45 phút ~ 50 phút/tiết) nhưng nếu xác định có chuẩn bị bài ở nhà trước thì có thể hoàn thành mỗi bài trong một tiết.

Hướng dẫn sử dụng sách — xiii

実力養成編

じつりょくようせいへん

第1部　話題別に言葉を学ぼう

1課 人間関係1：家族と友達、性格

Ⅰ．言葉を覚えよう ≫

1 家族と友達

[1-1] ウォーミングアップ

あなたは兄弟がいますか。兄弟の中で何番目に生まれましたか。

[1-2] 言葉

① 私は□□□□だ ● 長男／長女／末っ子 ● 一人っ子	trưởng nam, con trai đầu trưởng nữ, con gái đầu con út con một
② 彼は私の**いとこ**だ	anh chị em họ, anh em họ, chị em họ
③ **孫**が生まれる	cháu
④ **そっくり**な**双子**	giống nhau, giống như đúc, giống y hệt sinh đôi
⑤ **親戚**が集まる	họ hàng
⑥ **仲**のいい**夫婦**	mối quan hệ vợ chồng
⑦ 彼女は私の□□□□だ ● **親友・親しい友人／恋人**	bạn thân thân, thân thiết bạn thân người yêu
⑧ 仕事の**仲間**と遊びに行く	bạn đồng nghiệp, nhóm bạn
⑨ 結婚の**相手**を探す	đối tượng, đối thủ
⑩ パーティーに**知り合い**を呼ぶ	người quen

[1-3] やってみよう 「言葉」から太字の語を選んで、（　）に入れなさい。

(1) 私は（　　　　　　）だったので、兄弟が欲しかった。

(2) 田中さんと山田さんは、（　　　　　　）が悪くて、いつもけんかをしている。

(3) 私は（　　　　　）なので、兄や姉はいるが、弟や妹はいない。

(4) 林さんのうちの兄弟は、顔が（　　　　　）だ。

(5) 山口さんと森さんは小学校のころからの友達で、とても（　　　　　）そうだ。

(6) 田口さんは、お（　　　　　）さんには、とても優しいおじいさんだそうだ。

2 —— 実力養成編　第1部　話題別に言葉を学ぼう

2 性格

2-1 ウォーミングアップ

あなたは、優しい人ですか。真面目な人ですか。自分はどんな性格だと思いますか。

2-2 言葉

① 性格が □ ● いい／悪い／明るい／暗い ● 子供っぽい／男っぽい	tính cách như trẻ con như con trai
② □ 人 ● 大人しい／だらしない／冷たい／細かい	điềm đạm, nhẹ nhàng, trầm tính luộm thuộm
③ □ 人 ● 意地悪な／素直な／正直な／乱暴な／ わがままな／積極的な	xấu tính, hay bắt nạt người khác ngoan ngoãn, chất phác, sống thật thành thật, trung thực thô bạo, hung hăng cứ theo ý mình, bướng bỉnh tích cực
④ □ 人 ● 落ち着いた／きちんとした／変わった	điềm tĩnh nghiêm chỉnh, đáng tin cậy
⑤ 彼は □ がある ● 思いやり／ユーモア／勇気	biết quan tâm, biết cảm thông hài hước dũng cảm
⑥ よく冗談を言う	chuyện đùa
⑦ 自分の自慢をする	niềm kiêu hãnh, hãnh diện

2-3 やってみよう 「言葉」から太字の語を選んで、（　）に入れなさい。

(1) 田中先生は、（　　　　）のある方で、話がとても面白い。
(2) 大人なのに、マンガを読んでいるのは、少し（　　　　）と思う。
(3) 山田部長の（　　　　）はつまらないので、笑えない。
(4) 上田さんは、とても（　　　　）人で、部屋がいつも汚い。
(5) 自分のことをすごい、すごいとあまり（　　　　）しないほうがいい。
(6) 結婚するなら、（　　　　）がいい人がいいなあ。

第1課　人間関係1：家族と友達、性格 —— 3

II. 練習しよう ≫

1 ____に似た意味の語を「言葉」の中から選び、必要なら形を変えて、（　）に入れなさい。

(1) A：私のうちは、男ばかりの3人兄弟で、私が一番上だったんです。

B：3人兄弟のご（　　　　　　　　）だったんですね。

(2) A：私も結婚したら、鈴木さんのお宅のご主人と奥さんのようになりたいなあ。

B：本当に仲がいい、ご（　　　　　　　　）ですよね。

(3) A：島田先生は、女の人だけど、声も大きいし、ご飯もよく食べるし、ちょっと男みたいなんですよね。

B：少し（　　　　　　　　）先生なんですね。

(4) A：私が生まれたときには、おじいちゃんもおばあちゃんも、おじさんもおばさんもみんなが家にお祝いに来てくれたそうです。

B：（　　　　　　　　）の方がみんな来てくれたんですね。

(5) A：その子は私の母の兄弟の子供なんです。

B：じゃあ、あなたの（　　　　　　　　）なんですね。

2 どんな人ですか。合う語を下の［　　　］の中から選びなさい。

［大人しい　きちんとした　素直　正直　積極的　わがまま］

(例)　田中さんはとても静かな人で、人とあまり話をしません。もう少し元気があったほうがいいなあ、と私は思います。→田中さんは（大人しい）人です。

(1) 私の兄は、嘘が嫌いで、本当のことだけを話す人です。→兄は（　　　　　　　　）です。

(2) 山田さんの家のお子さんは、とてもいいお子さんで、親の言うことも先生の言うことも、何でも「はい」と言って、よく聞くんですよ。

→山田さんのお子さんはとても（　　　　　　　　）で、いいお子さんです。

(3) 村田さんは、物を片付けるのが上手で、部屋もとてもきれいですし、真面目で、約束の時間に遅れてくるようなこともありませんね。→村田さんは（　　　　　　　　）人です。

(4) 林くんは、授業中によく手を上げるし、自分の意見もよく言うし、勉強の仕方をよく先生に質問したりしています。→林くんは（　　　　　　　　）な学生です。

(5) うちの7歳の息子は、買い物に行くと、すぐおもちゃを買ってと言うし、ちょっと歩くと、疲れたから休もうとか、お腹がすいたから、アイスを食べたいとか言うので、連れていきたくないんです。→息子は（　　　　　　　　）です。

3 正しいほうを選びなさい。

(1) 子供のころ、兄によく意地悪を (a. された　b. もらった)。
(2) 旅行に行ったとき、中学生の男の子と知り合いに (a. した　b. なった)。
(3) その歌を聞いていたら、彼女に好きだと言う勇気が (a. して　b. 出て) きた。
(4) みんなが体の弱い人への思いやりを (a. する　b. 持つ) ようになってほしい。
(5) 私も海に遊びに行く仲間に (a. 入れて　b. 出して) ほしかった。

4 (　)に入る語を□の中から選びなさい。

(1) ① 私たち兄弟は (　　　) なのに、顔が似ていないとよく言われる。
　　② 金さんは日本人の (　　　) が出来てから、急に日本語が上手になった。
　　③ まゆみさんは (　　　) なので、お姉さんはいませんよ。

　　　a. 恋人　　b. 長女　　c. 双子

(2) ① 試合の (　　　) は、私よりずっと背が高かった。
　　② 日本に来てからも、国の (　　　) とはときどき連絡を取っている。
　　③ 親が子供に (　　　) をするのはよくない。

　　　a. 相手　　b. 親友　　c. 乱暴

5 「言葉」の語を(　)に入れて、会話を作りなさい。最初の字はヒントです。

林：森さんは、結婚するんだったら、どんな人がいい？
森：う〜ん、大人っぽい、(①おち＿＿＿) 人がいいかな。(②こ＿＿＿＿＿) 人は、
　　私、無理。あと、(③おも＿＿＿) がある、優しい人だったら、もっといいかなあ。
林：へえ〜。私は (④おと＿＿＿) 人より、明るくて、元気な人がいいな。
　　(⑤じょ＿＿＿) とかいつも言っているような (⑥な＿) がいい (⑦ふ＿＿) に
　　なりたいなあ。
森：ふ〜ん。じゃあ、どんな人は嫌？
林：(⑧わ＿＿＿ な) 人は困るなあ。
森：私は (⑨だ＿＿＿＿) 人とは一緒に住めないと思う。

2課 人間関係2：付き合い、気持ち

Ⅰ. 言葉を覚えよう ≫

1 付き合い

1-1 ウォーミングアップ

あなたは誰かを好きになったことがありますか。好きな人と何をしましたか。

1-2 言葉

① 独身の男性と　□□□□ ● 出会う／知り合う	độc thân gặp, tình cờ gặp quen biết nhau
② 女性と付き合う	hẹn hò, yêu
③ 恋をする	tình yêu
④ デートに誘う	(buổi) hẹn hò, (buổi) đi chơi mời, rủ rê
⑤ はっきり断る	từ chối
⑥ 付き合いが続く	giao thiệp, mối quan hệ
⑦ 愛を感じる	tình yêu cảm thấy
⑧ 約束を□□□□ ● 破る／守る	không giữ giữ
⑨ 彼を□□□□ ● 疑う／許す	nghi ngờ tha thứ
⑩ 顔をたたく	vỗ, gõ
⑪ 冷たい態度を取る	thái độ
⑫ 彼に振られる	bỏ, đá
⑬ 夫と離婚する	ly hôn

1-3 やってみよう 「言葉」から太字の語を選んで、（　）に入れなさい。

(1) 女の人を食事に（　　　　　　）のは初めてだった。

(2) 40歳になっても、（　　　　　　）なので、親が心配している。

(3) 悪いのは私だけど、頭を（　　　　　　）のはやめてほしい。

(4) 結婚して10か月で、もう（　　　　　　）してしまった。

(5) 別の人が好きになったみたいで、最近、急に彼の（　　　　　　）が変わった。

6 ── 実力養成編　第1部　話題別に言葉を学ぼう

2 気持ち

2-1 ウォーミングアップ

いい映画を見たとき、どんな気持ちになりますか。つまらない映画のときは、どうですか。

2-2 言葉

① 先生の死を**悲しむ**	đau buồn, đau khổ
② 失礼な客に**腹が立つ**	tức giận
③ □□□を**感じる** ● 不安／恐怖	cảm thấy bất an sợ hãi
④ 夫に**不満**を持つ	bất mãn, không hài lòng
⑤ 料理に**満足**する	hài lòng
⑥ 試験に落ちて、**がっかり**する	thất vọng, chán nản
⑦ 病気に**悩む**	buồn phiền, trăn trở
⑧ どれを買うか、**迷う**	phân vân, do dự
⑨ 音楽に**感動**する	cảm động
⑩ **感情**を外に出す	tình cảm
⑪ **感謝**の気持ちを持つ	cảm ơn, biết ơn
⑫ 急に起こされて、**びっくり**する	giật mình, bất ngờ
⑬ 友達が急に家に来て、**慌てる**	cuống quýt, vội vàng
⑭ 日本に行くことを**希望**する	hy vọng, có nguyện vọng
⑮ 結婚を**望む**	mong, mong ước, hy vọng

2-3 やってみよう 「言葉」から太字の語を選んで、（　）に入れなさい。

(1) 大きな地震が起きるかもしれないと思うと、とても（　　　　　）だ。

(2) お世話になった下田さんには（　　　　　）している。

(3) 私の家は、狭い家だが、特に（　　　　　）はない。

(4) 何を食べたいか、みんなの（　　　　　）を聞いてから、料理を作ることにした。

(5) とても上手なのに、山田さんは自分の絵に（　　　　　）していないようだ。

第2課　人間関係2：付き合い、気持ち —— 7

Ⅱ. 練習しよう ≫

1 どんな気持ちになりますか。合う語を下の [　　] の中から選びなさい。

[がっかり　感動　恐怖　腹が立つ　びっくり　迷う]

(例)　この映画は、長い間、会えなかった親と子がもう一度会うという話で、本当にいい映画でした。この映画を見たとき、私はたくさん泣いてしまいました。
　　　→私は、この映画を見て、とても (感動) しました。

(1)　このお店は何でもおいしいんです。そばもおいしいし、うどんもおいしいし、どれにするか決められないなあ。→このお店に来ると、いつも (　　　　　) んです。

(2)　掃除をしようと思っているときに、掃除をしなさいとか、宿題をやろうとしているときに、宿題をしなさいとか、うちの母はよく言うんです。
　　　→わかっているのに、言われると、(　　　　　) んです。

(3)　3か月前に別れた彼が毎朝、家の前に立っているんです。会う約束もしていないのに、町でよく彼に会います。いつも誰かに見られているような気がするんです。
　　　→私は今、(　　　　　) を感じています。

(4)　誕生日パーティーをするとは言っていなかったのに、今日、家に帰って、ドアを開けたら、家族のみんなが歌を歌ってくれて、私にプレゼントをくれました。
　　　→家族は私の誕生日を忘れていると思っていたので、(　　　　　) しました。

(5)　今日は田中さんがうちに来ると思って、部屋を掃除して、花を買って、おいしい料理も作ったんです。楽しみにしていたのに、急に田中さんがうちに来られなくなったんです。
　　　→田中さんが来られなくなってしまって、(　　　　　) です。

2 (1)から(9)を時間の古いほうから新しいほうへ並べなさい。

(2)→(　)→(　)→(　)→(　)→(　)→(　)→(　)→(　)

(1)　渋谷で初めてデートをする。
(2)　パーティーで日本人の男性と知り合う。
(3)　3年間付き合う。
(4)　夫が若い女性と付き合っていることがわかる。
(5)　日本で結婚をする。
(6)　夫を許すことができなくなる。
(7)　夫と離婚をする。
(8)　夫が若い女性との付き合いをやめない。
(9)　夫が、毎晩、どこかに出かけるので、夫を疑うようになる。

3 ____に似た意味の語を「言葉」の中から選び、必要なら形を変えて、（　）に入れなさい。

(1) A：山田さん、前よりすごくきれいになっていて、驚きましたね。

B：ホントですよね。（　　　　　　　）しましたね。

(2) A：今日は寝坊したので、（　　　　　　　）ご飯を食べて、学校に来たんです。

B：急いで、食べると、体によくないですよ。

(3) A：デートに誘われても、嫌だったら、はっきり嫌だと言ったほうがいいよ。

B：（　　　　　　　）のは、悪いかなあと思って。

(4) A：森さんは、親に反対されても、ジムさんと結婚したいと言っているんです。

B：そんなに強く彼との結婚を（　　　　　　　）いるんですね。

4 （　）に一番合うものをaからcの中から選びなさい。

(1) ① 恋に（　　　　　）　　　　　a.誘う

② 恋人に（　　　　　）　　　　b.振られる

③ 映画に（　　　　　）　　　　c.悩む

(2) ① 愛を（　　　　　）　　　　　a.悲しむ

② 約束を（　　　　　）　　　　b.感じる

③ 別れを（　　　　　）　　　　c.守る

5 「言葉」の語を（　）に入れて、文章を作りなさい。最初の字はヒントです。

　　私は去年の3月に日本に来ました。子供のころから、「ぜひ日本で日本語を勉強したい」と（①き ＿ ＿）しておりましたので、こちらの学校に入りました。日本に来るのは初めてでしたので、最初はとても（②ふ ＿ ＿）でした。授業が始まると、宿題もとても多かったので、少し（③びっ ＿ ＿）したのですが、自分が（④の ＿ ＿ で）、日本に来たのだから、頑張ろうと思い、勉強をしました。日本語の勉強は難しくて、ときどき（⑤な ＿ ＿ だ）こともありましたが、この学校で（⑥で ＿ ＿ た）友人や先生方が私を助けてくださって、勉強を続けることができました。先生方や友人たちには本当に（⑦か ＿ ＿ ＿）したいと思います。私は、こちらの学校で勉強できたことに、今、とても（⑧ま ＿ ＿ ＿）しております。1年間、どうもありがとうございました。

第2課　人間関係2：付き合い、気持ち ── 9

3課 生活1：毎日の生活

Ⅰ. 言葉を覚えよう ≫

1 家事

```1-1``` ウォーミングアップ

掃除や洗濯は好きですか。ほかに、毎日、どんな家の仕事をしていますか。

```1-2``` 言葉

① 食器を洗う	bát đĩa, dụng cụ ăn uống
② 汚れが落ちない	vết bẩn
③ 洗剤がなくなる	bột giặt, chất tẩy rửa
④ 服を汚す	làm bẩn
⑤ Tシャツを畳む	gấp
⑥ 靴下をしまう	cất
⑦ □□□をかける ● 掃除機／アイロン	máy hút bụi bàn là
⑧ 家具を動かす	đồ nội thất di chuyển
⑨ 床を拭く	sàn nhà lau, chùi
⑩ エアコンの調子が悪い	tình trạng
⑪ テレビを修理に出す	sửa chữa
⑫ ゴミをリサイクルに出す	tái chế
⑬ 家事は面倒臭い	việc nhà lách cách, vất vả, phiền hà

```1-3``` やってみよう 「言葉」から太字の語を選んで、（　）に入れなさい。

(1) シャツに（　　　　　　）をかけるのを忘れたので、今日は着ていけない。

(2) （　　　　　　）が濡れているので、今、歩くと、靴下が濡れてしまう。

(3) 洗っても、洗っても、子供が服を（　　　　　　）ので、困る。

(4) 新聞や雑誌は（　　　　　　）に出すから、捨てないで、取っておいてください。

(5) ベッドの下にお金が入っちゃったんで、ベッドを（　　　　　　）のを手伝ってよ。

(6) 掃除や洗濯など、（　　　　　　）は夫婦で半分ずつやっている。

10 —— 実力養成編　第1部　話題別に言葉を学ぼう
```

2 起きてから寝るまで

2-1 ウォーミングアップ

朝、起きてから寝るまで、1日の間にすることを話してみましょう。

2-2 言葉

① 3時に目が覚める	tỉnh giấc
② ☐ が出る ● あくび／涙	ngáp / nước mắt
③ 睡眠が足りない	giấc ngủ
④ 朝食を取る	bữa sáng
⑤ 化粧をする	trang điểm
⑥ ペットにえさをやる	mồi, thức ăn
⑦ 猫を可愛がる	yêu chiều, cưng chiều
⑧ 定期を忘れる	định kỳ
⑨ 会社に遅刻する	đến muộn, đến trễ
⑩ 携帯電話の電池が切れる	điện thoại di động / pin / hết, cạn
⑪ 退屈な仕事	chán ngắt, buồn tẻ
⑫ 12時に帰宅する	về nhà
⑬ 妻に文句を言われる	(sự) phàn nàn, kêu ca
⑭ 疲れが取れない	cái mệt
⑮ 毛布をかける	chăn

2-3 やってみよう 「言葉」から太字の語を選んで、（　）に入れなさい。

(1) 朝、忙しかったので、猫に（　　　　）をやるのを忘れた。
(2) 昨日、あまり寝ていないので、（　　　　）が止まらない。
(3) 仕事がたくさんあったので、（　　　　）が遅くなった。
(4) 時計の（　　　　）が切れてしまったので、今日は持っていかない。
(5) 目に入ったゴミが取れなくて、（　　　　）が出てきた。

第3課　生活1：毎日の生活 ── 11

Ⅱ. 練習しよう

1 これから友達が来ます。絵を見て、しなければならないことを書いてください。

(1) _____
(2) _____
(3) _____
(4) _____
(5) _____

2 ＿＿＿に似た意味の語を「言葉」の中から選び、必要なら形を変えて、(　)に入れなさい。

(1) A：パソコンを<u>直して</u>くれるお店を知りませんか。
　　B：ヤマダカメラに持っていけば、(　　　　　)してくれますよ。

(2) A：会議が(　　　　　)で、眠くて、眠くて、大変でした。
　　B：そんなにつまらない<u>会議</u>だったんですか。

(3) A：昨日は飲み過ぎちゃって、目が(　　　　　)ら、昼の12時だったよ。
　　B：そんなに遅く、<u>起きたん</u>だ。

(4) A：この掃除機、よく吸わないんだけど。どこか<u>具合</u>が悪いのかな。
　　B：最近、(　　　　　)が悪いみたいだよ。

(5) A：<u>いすやベッド</u>を捨てたいときは、どうすればいいんですか。
　　B：(　　　　　)を捨てたいときは、役所に一度連絡してください。

3 正しいほうを選びなさい。
(1) 1日に8時間は睡眠を (a. し　b. 取り) たい。

12　──実力養成編　第1部　話題別に言葉を学ぼう

(2) ズボンに (a.付いた　b.止まった) 汚れがなかなか取れない。
(3) 朝、起きても、まだ、疲れが (a.止まって　b.残って) いる。
(4) 洗剤が (a.切って　b.切れて) いたので、スーパーで買ってきた。
(5) テレビが面白くないので、退屈 (a.して　b.にして) いた。

4 （　）に入る語を□の中から選びなさい。

(1) ① スープを作ったら、味が薄いと（　　）を言われた。
　　② 電車に乗ったら、電車の中で（　　）をしている人がいて、驚いた。
　　③ （　　）を無くすのは、これで3回目だ。

　　　a.化粧　　b.定期　　c.文句

(2) ① 森田さんは、毎朝、（　　）くるので、いつも先生に怒られている。
　　② 料理を作るのが（　　）、いつもコンビニでお弁当を買っている。
　　③ 田村さんは、犬を3匹飼っていて、とても（　　）いる。

　　　a.可愛がって　　b.遅刻して　　c.面倒臭くて

5 「言葉」の語を（ ）に入れて、文章を作りなさい。最初の字はヒントです。

10月23日(水)　今日は、朝の5時に目が（①さ＿て）しまった。もう秋なので、寒くて、目が（①）しまったのだ。今日は、（②す＿＿＿）が足りなくて、一日中、（③あ＿＿）ばかりしていたので、下田先生に怒られてしまった。怖かったなあ。寒くないように、（④も＿＿）を出したので、今日は早く寝よう。

10月25日(金)　昨日は、友達と渋谷で飲んで、1時に（⑤き＿＿）。久しぶりに、ゆう子やはる子と会えて、楽しかった。今朝は、学校に（⑥ち＿＿）しそうになったので、（⑦ちょ＿＿＿＿）を取らずに、学校に行った。午前中はお腹がすいて、大変だったので、昼はハンバーガーとうどん。ちょっと食べ過ぎた。

10月26日(土)　今日は一日掃除。（⑧か＿）を（⑨う＿＿＿て）、（⑧）の下も（⑩そ＿＿＿）をかけて、部屋がすごくきれいになった。気持ちいい。

4課 生活2：食生活

Ⅰ. 言葉を覚えよう ≫≫

1 料理

[1-1] ウォーミングアップ

どんな料理が好きですか。それはどんな味ですか。どうやって、作りますか。

[1-2] 言葉

① 皮をむく	vỏ bóc, gọt
② 砂糖を加える	thêm, cho thêm
③ 材料を混ぜる	nguyên liệu trộn
④ 鍋で煮る	nồi nấu
⑤ 油で揚げる	dầu, mỡ chiên, rán
⑥ 容器に移す	bát, đồ đựng đổ sang
⑦ 冷蔵庫で保存する	bảo quản
⑧ 野菜が腐る	ôi, thiu
⑨ 生で食べる	tươi, sống
⑩ □□味 ● 酸っぱい／濃い／しつこい	chua (vị) đậm nồng, quá đậm, ngấy
⑪ 肉が□□ ● 軟らかい／固い	mềm
⑫ 香りがいい	hương thơm
★ □□を片付ける ● 皿／包丁／フライパン	con dao chảo

[1-3] やってみよう 「言葉」から太字の語を選んで、（ ）に入れなさい。

(1) ステーキの中が、まだ、焼けていなくて、（　　　　　）だった。

(2) この紅茶は、飲んだとき、とても（　　　　　）がいい。

(3) 歯が痛くて、（　　　　　）ものしか食べられない。

(4) カレーを作る（　　　　　）を買うために八百屋に寄った。

(5) 太るから、（　　　　　）を取り過ぎないほうがいいと言われた。

2 食事

2-1 ウォーミングアップ

友達とレストランに晩御飯を食べに来ました。どんなことをしますか。

2-2 言葉

①	お腹が**ぺこぺこ**だ	đói meo, đói cồn cào
②	喉が**からから**だ	khô khốc (khát khô cả cổ)
③	**高級**なレストランに行く	cao cấp
④	**メニュー**から選ぶ	thực đơn
⑤	**栄養**の**バランス**を考える	dinh dưỡng cân bằng, thăng bằng
⑥	料理を**注文**する	gọi món
⑦	ポテトを**追加**で頼む	thêm
⑧	ビールで**乾杯**する	nâng cốc
⑨	お酒に**酔う**	say
⑩	舌を**火傷**する	lưỡi vết bỏng, bị bỏng
⑪	野菜を**残す**	để lại
⑫	食事の**マナー**を教える	phép lịch sự
⑬	**支払い**が済む	thanh toán, chi trả
⑭	**食費**がかかる	tiền ăn
★	☐を食べる	thức ăn cơm nắm bánh kẹo
	● お**弁当**／**おかず**／**おにぎり**／お**菓子**	

2-3 やってみよう 「言葉」から太字の語を選んで、（　）に入れなさい。

(1) 時間がなかったので、急いで食べていたら、（　　　　）をかんでしまった。

(2) 青山さんは、お酒を飲んで、（　　　　）と、必ず歌を歌い始める。

(3) 熱いフライパンに触って、手を（　　　　）してしまった。

(4) 2時間も何も飲まないで歩いてきたので、喉が（　　　　）だ。

(5) 外で食べないで、家で料理をしているので、（　　　　）が前よりかからない。

第4課　生活2：食生活 — 15

II. 練習しよう

1 「リンゴジャムの作り方」です。絵を見て、することを書いてください。

(1)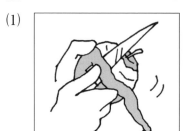
(2)
(3)
(4)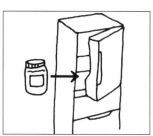
(5)

(1) _____
(2) _____
(3) _____
(4) _____
(5) _____

2 （　）に入る語を□の中から選びなさい。

(1) ① 今日のパーティーでは、水谷先生が（　　　）の挨拶をしてくださる。
　　② ビールがなくなったので、もう3本（　　　）した。
　　③ 晩御飯の（　　　）を毎日、考えるのは大変だ。

　　　a. 乾杯　　b. 追加　　c. メニュー

(2) ① 納豆は、食べる前によく（　　　）と、おいしくなりますよ。
　　② おととい買った魚、（　　　）前に食べたほうがいいよ。
　　③ 天ぷらを（　　　）には、油がたくさん要ります。

　　　a. 揚げる　　b. 混ぜる　　c. 腐る

3 正しいほうを選びなさい。

(1) 病気の後だから、栄養をたくさん (a. 食べた　b. 取った) ほうがいい。

(2) 食事のマナーを (a. し　b. 守れ) ない人には、何も食べさせません。

(3) その店では、注文を (a. 受けて　b. 引いて) から、料理を作り始める。

(4) 肉料理を食べるときには、サラダも頼んで、栄養のバランスを (a. する　b. 取る) ようにしている。

(5) たくさん運動をしたら、お腹がぺこぺこ (a. した　b. になった)。

4 ( )に一番合うものをaからeの中から選びなさい。

(1) 焼き過ぎてしまったので、肉が (　　　)。　　　　a. 濃くなり過ぎた

(2) 10日前に買った牛乳を飲んでみたら、(　　　)。　b. しつこかった

(3) しょう油を入れ過ぎて、味が (　　　)。　　　　c. 固かった

(4) そのスープはバターが多過ぎて、(　　　)。　　　d. 軟らかくなった

(5) 5時間も煮たので、肉がとても (　　　)。　　　　e. 酸っぱかった

5 「言葉」の語を( )に入れて、文章を作りなさい。最初の字はヒントです。

先週、日本に来て初めて、「すし屋」に行った。私の国にも、すしの皿が回ってくる店はあるが、お店の人にすしを(①ちゅ＿＿＿)しながら、食べる店はない。(②な＿)の魚は嫌いだという人もいるが、私は好きで、すしが回らない「本当のすし屋」にぜひ行ってみたかった。先週、日本人の友達が東京の銀座にある「すし屋」に連れていってくれた。その店は、とても(③こ＿＿＿)そうな店だった。店に入っても、どこにも(④メ＿＿＿)がなかった。(④)を見るのではなく、前に並んでいる魚を見て、頼むのだそうだ。(④)がないと、値段がわからないが、値段を聞かないのが(⑤マ＿＿)だそうだ。いくら払うかは(⑥し＿＿＿)のときにならないと、わからない。値段がわからないまま、食べるのは、すごく怖かった。すしはどれもおいしかったが、とても固い貝が出てきて、それだけは(⑦の＿＿て)しまった。日本酒を頼んで、友達と(⑧か＿＿＿)して、たくさん飲んだ。おいしいお酒だったので、(⑨つ＿＿)で2本も頼んで、大分(⑩よっ＿)しまった。帰るときに、「67,000円です」と言われて、びっくりした。高過ぎる！

5課 生活3：家

Ⅰ. 言葉を覚えよう ≫

1 家

1-1 ウォーミングアップ

将来、どんな家に住みたいですか。部屋はどんなふうにしたいですか。

1-2 言葉

① 自宅を建てる	nhà mình
② 家を設計する	thiết kế
③ 工事が遅れる	công trình
④ 建築中の家	kiến trúc
⑤ マンションの建設が進む	chung cư / xây dựng
⑥ 家が□□ ● 建つ／完成する	xây dựng / hoàn thành
⑦ 土地の価値が上がる	đất / giá trị
⑧ 地下に部屋を造る	ngầm / xây dựng
⑨ 屋根を直す	mái nhà
⑩ インテリアを選ぶ	đồ trang trí trong phòng
⑪ 机を置くスペースがない	không gian
⑫ デザインがいい家具	thiết kế / đồ nội thất
⑬ 部屋の中がすっきりする	gọn gàng

1-3 やってみよう 「言葉」から太字の語を選んで、（　）に入れなさい。

(1) 家の隣の（　　　　　）に、新しくビルが出来た。

(2) 家が（　　　　　）したら、みんなを招待したいと思う。

(3) 明日から私の家を建てる（　　　　　）が始まる。

(4) （　　　　　）が可愛くないものは、部屋に置きたくない。

(5) （　　　　　）図に間違いが見つかって、工事ができなくなった。

(6) 玄関の横に、1階から（　　　　　）へ降りる階段がある。

18 ── 実力養成編　第1部　話題別に言葉を学ぼう

2 引っ越し

2-1 ウォーミングアップ

アパートを借りるとしたら、どんな部屋に住みたいですか。

2-2 言葉

① 町の**中心**に住む	trung tâm
② **商店街**が近い	phố mua sắm
③ 外国人が多い**地区**	khu vực
④ 駅から　　　　 　● **かなり**遠い・**距離**がある	khá, khá là khoảng cách
⑤ 6**畳**の**部屋**	~ chiếu (đơn vị đo diện tích phòng có kích cỡ 91cm x 182cm)
⑥ 日が**当たる**	chiếu vào
⑦ **日当たり**がいい	ánh nắng chiếu vào
⑧ 西**向き**の窓	hướng ~
⑨ 長い**影**が出来る	cái bóng
⑩ 風呂　　　　のアパート　● **付き**／なし	bao gồm ~, đi kèm ~ không có ~
⑪ **引っ越し**を手伝う	chuyển nhà
⑫ 床に**傷**が**付く**	sàn nhà vết xước, vết xây xước bị
⑬ **家賃**を払う	tiền thuê nhà

2-3 やってみよう 「言葉」から太字の語を選んで、（　）に入れなさい。

(1) 野菜は、スーパーよりも（　　　　　）で買ったほうが安いと思う。
(2) 部屋は狭いのに、毎月6万円も（　　　　　）を払わなければならない。
(3) 家具を買っている時間がないので、家具（　　　　　）のアパートに住むことにした。
(4) 冷蔵庫を運んでいて、ドアに（　　　　　）を付けてしまった。
(5) 私の部屋は、午前中はよく日が（　　　　　）ので、冬でも暖かい。
(6) 私の家は、午後になると、隣の病院の建物の（　　　　　）に入ってしまうので、暗い。

II. 練習しよう

1 部屋を借りたいと思っています。絵を見て、どんな部屋か書きなさい。

(1) メゾン渋谷　506号室　　　　(2) 幸福荘　103号室

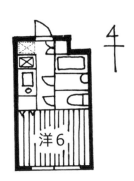
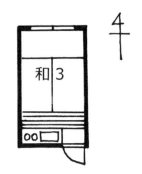

(1)
① 部屋は＿＿＿＿＿＿＿畳
② 窓は＿＿＿＿＿＿＿向き
③ ＿＿＿＿＿＿＿付き
④ 日当たりが＿＿＿＿＿

(2)
① ＿＿＿＿＿＿＿＿＿＿＿
② ＿＿＿＿＿＿＿＿＿＿＿
③ ＿＿＿＿＿＿＿＿＿＿＿
④ ＿＿＿＿＿＿＿＿＿＿＿

2 ＿＿に似た意味の語を「言葉」の中から選び、必要なら形を変えて、（　）に入れなさい。

(1) A：私の町は、教会が町の真ん中にあって、その周りにお店や家があります。
　　B：教会を（　　　　　）にして、町が出来ているんですね。

(2) A：学校の近くで工場が（　　　　　）中で、今、すごくうるさいんです。
　　B：実は私の家の近くでも工場を建てていて、やっぱりすごくうるさいですよ。

(3) A：この人形は、本当は部屋の中に飾るものではなくて、家の外に置いておくものなんだそうです。
　　B：そうですか。でも、（　　　　　）にもいいですね。

(4) A：先生の家に行ったんですが、駅から大分歩きましたよ。
　　B：先生の家は駅から（　　　　　）遠いんですね。

(5) A：家族が増えたので、もっと大きい家に移ることにしたんです。
　　B：そうなんですか。いつ（　　　　　）をされるんですか。

3 正しいほうを選びなさい。

(1) 家具を動かして、テーブルを置くスペースを（a. 作った　b. 持った）。

20 ── 実力養成編　第1部　話題別に言葉を学ぼう

(2) 私の町は古くからある町なので、古い (a.建設　b.建築) がたくさん見られる。
(3) 50年前に建てられた、壊れた家なので、家の価値は (a.狭い　b.低い) と思う。
(4) すっきり (a.した　b.な) デザインの家具が好きだ。
(5) 雪が多い町なので、冬になると、屋根に (a.進んで　b.登って)、雪を下に落とさなければならない。

4 （　）に入る語を□の中から選びなさい。

(1) ① 私が生まれた（　　　）には、美術館や図書館がたくさんあった。
② 会社から（　　　）が近いところに引っ越しすることにした。
③ （　　　）を売って、田舎に引っ越しすることにした。

　　a.距離　　b.自宅　　c.地区

(2) ① 今、新しい橋を（　　　）いるので、それが出来れば、駅まで近くなる。
② アパートを出るときに、壁に汚れが（　　　）いると言われ、お金を取られた。
③ 最近、この町には、新しいビルがどんどん（　　　）いる。

　　a.建って　　b.付いて　　c.造って

5 「言葉」の語を（　）に入れて、文章を作りなさい。最初の字はヒントです。

国にある(①じ＿＿)の建物は、(②か＿＿)古いビルです。1908年に(③か＿＿＿)したそうなので、ビルが(④たっ＿)からもう100年以上になります。私の家は、3階にありますが、借りている家ではなく、買った家です。日本語で言えば、(⑤マ＿＿＿＿)です。このビルは、町の(⑥ちゅ＿＿＿)に近くて、(⑦しょ＿＿＿＿＿)がある(⑧ち＿)にあるので、生活はしやすいです。私の家はちょうど南(⑨む＿)で、とてもよく日が(⑩あ＿＿)ます。家の(⑪せつ＿＿)が古いので、シャワーはありますが、風呂(⑫な＿)です。あと、物をしまう(⑬ス＿＿＿)があまりないので、(⑭か＿)を置いて、しまうようにしています。日本では、家が古くなると、(⑮か＿)が下がると聞きましたが、私の国では、古い家を直しながら、住むのが普通です。私は、ずっと、この家に住みたいと思っています。

実力を試そう（1課〜5課）  /20点

1.（　）に入れるのに最もよいものを、1・2・3・4から一つえらびなさい。（1点×8）

① 約束を（　）のはよくないことです。
　1　守る　　　　2　壊す　　　　3　無くす　　　　4　破る

② この部屋に赤ちゃんのベッドを置く（　）を作りましょう。
　1　インテリア　2　マンション　3　スペース　　　4　デザイン

③ 近くの商店（　）で買い物をした。
　1　街　　　　　2　町　　　　　3　通り　　　　　4　道

④ かまなくてもいいぐらい、肉も野菜も（　）。
　1　あまい　　　2　しつこい　　3　すっぱい　　　4　やわらかい

⑤ ゴミを片付けたら、部屋が（　）した。
　1　がっかり　　2　しっかり　　3　すっきり　　　4　はっきり

⑥ 結婚はしたいけど、結婚する（　）がいない。
　1　相手　　　　2　夫　　　　　3　主人　　　　　4　友人

⑦ 窓ガラスが汚れているので、これで（　）ください。
　1　かけて　　　2　せんたくして　3　ふいて　　　　4　むいて

⑧ 小川さんは学校の友達との関係に（　）いた。
　1　かんがえて　2　くわえて　　3　さそって　　　4　なやんで

2.＿＿に意味が最も近いものを、1・2・3・4から一つえらびなさい。（1点×4）

① 花子さんはお父さんに<u>そっくりだ</u>。
　1　慌てている　2　似ている　　3　不安だ　　　　4　満足だ

② ここにある物を<u>しまって</u>ください。
　1　貸して　　　2　片付けて　　3　使って　　　　4　止めて

③ 田中さんは<u>おとなしい</u>人だった。
　1　元気な　　　2　細かい　　　3　静かな　　　　4　わがままな

4 山田さんは前よりかなり元気になった。

1 きっと　　2 少し　　3 大分　　4 はっきり

3. つぎのことばの使い方として最もよいものを、1・2・3・4から一つえらびなさい。(2点×4)

1 家事

1 仕事から帰ってきてから、家事をしているので、疲れる。
2 この辺は、新しく家事をたくさんしているので、家が増えた。
3 あのうちは、家事がよくなくて、いつもけんかしている。
4 家事がみんな古くなってきたので、新しいのが欲しい。

2 あたる

1 この部屋は窓が東にあたっている。
2 晴れた日の夜には、空にたくさん星があたる。
3 傘にあたらないと、雨で濡れてしまう。
4 山に日の光があたって、きれいだった。

3 腹が立つ

1 古い肉を食べて、腹が立ってきたので、薬を飲んだ。
2 彼とは、腹が立って、どんなことでも話せる。
3 夫の言うことに腹が立ったので、昨日から話をしていない。
4 私の腹が立っているのは、毎日、運動をしているからだ。

4 不満

1 鞄は、不満なので、まだ、何か入る。
2 お腹が不満で、すぐに何か食べたい。
3 自分の将来が不満で、夜も眠れない。
4 父は、何が不満で、怒っているのだろう。

実力を試そう（1課〜5課）— 23

6課 体1: 美容、健康

Ⅰ. 言葉を覚えよう ≫

1 美容

1-1 ウォーミングアップ

どんなことをしたら、きれいに／格好よくなれると思いますか。

1-2 言葉

① 髪を ☐ ● 伸ばす／結ぶ	để (dài) buộc, thắt
② 美容院へ行く	thẩm mỹ viện
③ 雰囲気が変わる	bầu không khí
④ しわが増える	nếp nhăn
⑤ 肌にクリームを塗る	da kem (mỹ phẩm)
⑥ まったく効果がない	hoàn toàn hiệu quả
⑦ 化粧が濃い	trang điểm đậm
⑧ スタイルに自信がない	hình thể tự tin
⑨ 姿勢が悪い	tư thế, dáng vẻ
⑩ みっともない格好	khó coi, mất thể diện
⑪ 食事の量を制限する	lượng hạn chế
⑫ 外食が多い	đi ăn ngoài
⑬ カロリーが高い	lượng ca-lo

1-3 やってみよう 「言葉」から太字の語を選んで、（ ）に入れなさい。

(1) 笑うと、目の横に（　　　　　）が出来て、嫌だ。

(2) 食器を洗った後は手に（　　　　　）を付けるようにしている。

(3) 最近、（　　　　　）が続いていて、2キロも太ってしまった。

(4) 髪が大分長くなってきたので、（　　　　　）に予約を入れた。

(5) 運動をしたら、痩せると思ったが、（　　　　　）痩せなかった。

24 —— 実力養成編　第1部　話題別に言葉を学ぼう

2 健康

2-1 ウォーミングアップ

体のために、何かしていますか。また、何かやめていることがありますか。

2-2 言葉

①	体力を付ける	thể lực
②	体操をする	thể dục
③	全身の筋肉を使う	toàn thân / cơ bắp
④	汗が出る	mồ hôi
⑤	息が苦しい	hơi thở / đau đớn, khó khăn, khó chịu
⑥	中年になる	trung niên
⑦	普段から健康に気を付ける	bình thường / sức khỏe
⑧	禁煙をする	cấm hút thuốc
⑨	妻に内緒で煙草を吸う	bí mật
⑩	頑張っても、無駄だ	vô ích, không có kết quả, thừa
⑪	意志が弱い	ý chí
⑫	体に悪い影響を与える	ảnh hưởng / gây ảnh hưởng, cung cấp
★	☐を始める ● ヨガ／ジョギング／ダイエット	yoga / chạy bộ / ăn kiêng
★	ジムに通う	phòng tập gym

2-3 やってみよう 「言葉」から太字の語を選んで、（ ）に入れなさい。

(1) 昨日、10キロも走ったので、今日は足の（　　　　）がすごく痛い。

(2) プールに入る前に準備（　　　　）をしたほうがいい。

(3) （　　　　）を吸いながら、ゆっくり手を頭の上に上げてください。

(4) （　　　　）の食事のときから野菜を取るように気を付けたほうがいい。

(5) （　　　　）を始めても、すぐまた煙草が吸いたくなってしまう。

Ⅱ. 練習しよう

1 パーティーに出るために、美容院へ行きました。
絵を見て、（　）に入る語を下の［　］の中から選びなさい。

美容院へ行く前　　　　　　　　　　　美容院へ行った後

④（　　　）が（　　　）変わる

① （　　　　　）がよくない
② 服に（　　　　　）がたくさんある
③ （　　　　　）格好

⑤ （　　　　　）を結ぶ
⑥ （　　　　　）を見せる
⑦ （　　　　　）がいい
⑧ 化粧が（　　　　　）

［濃い　みっともない　まったく　姿勢　スタイル　しわ　肌　髪　雰囲気］

2 ＿＿に似た意味の語を「言葉」の中から選び、必要なら形を変えて、（　）に入れなさい。

(1) A：爪を（　　　　　）たいんだけど、パソコンとか携帯電話が使いにくくなるかな。
　　B：大丈夫よ、長くし過ぎなければ。

(2) A：彼に「化粧をしても、（　　　　　）だ」って言われたの。酷過ぎると思わない？
　　B：まあ、化粧しても、効果がある人とない人がいるからね。

(3) A：（　　　　　）が弱いから、毎日、5キロも走るのは、自分には無理だなあ。
　　B：やろうっていう気持ちがあれば、私はできると思うんだけど。

(4) A：水泳は（　　　　　）の運動になるから、体にいいんだって。
　　B：そうだよね。泳ぐときに体中全部使うよね。

(5) A：40代でこんな酷い病気になるとは思わなかったよ。
　　B：もう（　　　　　）なんだから、もう少し体のことを考えたほうがいいよ。

3 正しいほうを選びなさい。

(1) カロリーを (a. 取り　b. 付け) 過ぎないように注意してください。

(2) ダイエットの効果が(a.出て　b.増えて)きたみたいで、3キロも痩せた。
(3) 自分に自信を(a.入れて　b.持って)いる人のほうがきれいに見える。
(4) 年を取って、大分体力が(a.落ちて　b.取れて)きた。
(5) 少ししか運動をしていないのに、汗が(a.止まない　b.止まらない)。

4 （　）に入る語を□の中から選びなさい。

(1) ① 1回の食事で食べる（　　　）をもう少し少なくしたほうがいい。
② （　　　）な体を作るには、運動が一番だ。
③ 1日1本の煙草でも、体に悪い（　　　）があるそうだ。

> a.量　　b.影響　　c.健康

(2) ① ケーキを食べちゃったのは、（　　　）おいてね。
② 医者に飲み過ぎだと言われて、ビールを1日1本に（　　　）しまった。
③ ときどきこのクリームを塗って、肌に栄養を（　　　）あげてください。

> a.制限されて　　b.内緒にして　　c.与えて

5 「言葉」の語を（　）に入れて、文章を作りなさい。最初の字はヒントです。

私は3か月前からヨガを始めました。最近、太ってきてしまって、階段を上っただけで、（①い＿）が上がってしまうし、（②あ＿）もたくさん出てくるし、もう少し（③た＿＿＿）を付けなきゃなあと思っていたんです。でも、私は（④い＿）が弱いので、ジョギングをするとか、ジムに通うとかは続けられるかどうか、（⑤じ＿＿）がなくて、家でもできるヨガを選びました。ヨガを始めたら、いろんないい（⑥こ＿＿）がありました。まず、（⑦し＿＿）がよくなりましたね。お腹の（⑧き＿＿＿）をよく使うので、お腹も痩せてきて、（⑨ス＿＿＿）も少しだけよくなりました。ヨガを始めてから、（⑩ふ＿）の食事にも気を付けるようになって、（⑪が＿＿＿）をやめたりとか、（⑫カ＿＿＿）を考えて食事をするようになりました。（⑬け＿＿＿）的な生活をしていたら、（⑭は＿）もきれいになってきた気がします。友達からも「少し（⑮ふ＿＿＿）が変わったね」って言われるんです。

7課 体2：病気

Ⅰ. 言葉を覚えよう ≫

1 病気と怪我

1-1 ウォーミングアップ

風邪をひいたとき、体はどうなりますか。あなたはどんなことをしますか。

1-2 言葉

① **体調**が悪い	tình trạng cơ thể
② **食欲**がない	sự thèm ăn
③ 喉が変な**感じ**だ	cảm giác
④ **体温**を**測る**	thân nhiệt / đo
⑤ 病院で**順番**を待つ	thứ tự
⑥ 頭を**冷やす**	làm mát
⑦ 体を**温める**	làm ấm
⑧ **傷**が深い	vết thương
⑨ **火傷**をする	bỏng, vết bỏng
⑩ 歯を□□□ ● **削る／抜く**	mài, gọt, nạo / nhổ
⑪ 風邪を**防ぐ**	phòng ngừa
⑫ 手を**清潔**にする	sạch sẽ
⑬ **薬局**で**マスク**を買う	hiệu thuốc / khẩu trang
☆ □□□が痛い ● **胃／肩／腰／膝／胸／心臓**	dạ dày vai hông đầu gối ngực tim

1-3 やってみよう 「言葉」から太字の語を選んで、（　）に入れなさい。

(1) 病院に行ったら、体温計で熱を（　　　　　）ように言われた。

(2) 頭を濡れたタオルで（　　　　　）と、気持ちがいい。

(3) お医者さんに行く時間がなかったので、（　　　　　）で風邪薬を買ってきた。

(4) 天ぷらを作っているときに、手を（　　　　　）してしまった。

(5) 風邪をひかないように、電車に乗るときは（　　　　　）を付けるようにしている。

28 —— 実力養成編　第1部　話題別に言葉を学ぼう

2 入院

2-1 ウォーミングアップ

病院に入院したことがありますか。病院でどんなことをしましたか。

2-2 言葉

① 病気にかかる	mắc bệnh
② 検査を受ける	xét nghiệm, kiểm tra
③ ◻️ を発見する ● 異常／ガン	phát hiện khác thường, bất thường ung thư
④ 痛みを我慢する	cơn đau, nỗi đau chịu đựng
⑤ 長い間苦しむ	đau đớn, khổ sở
⑥ 危険な状態が続く	trạng thái
⑦ 手術が成功する	phẫu thuật thành công
⑧ 回復が早い	hồi phục
⑨ 病気が ◻️ 治る ● ほぼ／完全に	gần như hoàn toàn
⑩ 命を ◻️ ● 助ける・救う／落とす	sinh mệnh cứu, giúp cứu, giúp
⑪ 母が助かる	được cứu, được đỡ
⑫ お見舞いに行く	đi thăm người bệnh

2-3 やってみよう 「言葉」から太字の語を選んで、（　）に入れなさい。

(1) 酷い怪我だったけれど、子供なので、（　　　　　）がとても早かった。

(2) クラスのみんなと一緒に先生の（　　　　　）に行った。

(3) 山田部長は、（　　　　　）で、あと半年しか生きられないそうだ。

(4) 酷い怪我だったので、命が（　　　　　）とは誰も思っていなかった。

(5) 病院で調べてもらったが、どこにも（　　　　　）なところはないと言われた。

第7課　体2：病気 —— 29

Ⅱ. 練習しよう ≫

1 正しいほうを選びなさい。

(1) 薬を塗ったら、腰の痛みが (a.落ちた　b.取れた)。

(2) 死にたくはないので、手術を (a.受ける　b.持つ) ことにした。

(3) 熱が下がらなくて、全然食欲が (a.出ない　b.入らない)。

(4) 鈴木さんは、体調が (a.痛い　b.悪い) ようだ。

(5) 早く病院に連れていかないと、命が (a.危ない　b.難しい)。

(6) 2月になってから、インフルエンザに (a.かかる　b.入る) 学生が増えている。

2 （　）に入る語を □ の中から選びなさい。

(1) ① 怪我は (　　　　) には治らないだろうと言われた。

　　② 父の手術の (　　　　) を祈っている。

　　③ 病院に行くと、もう大勢の人が (　　　　) を待っていた。

> a.完全　　b.順番　　c.成功

(2) ① ガンで毎年多くの人が命を (　　　　)。

　　② 歯を治したいが、歯を (　　　　) のは嫌だ。

　　③ 病気の人を (　　　　) のが医者の仕事だ。

> a.削る　　b.救う　　c.落とす

3 （　）に入る語を書きなさい。

	形容詞	名詞	動詞
(1)	腰が**痛い**。	腰の (　　　　) がなくなる。	腰が**痛む**。
(2)	胸が**苦しい**。	病気の**苦しみ**が続く。	病気で (　　　　)。
(3)	足が**温かい**。	足はちょうどいい**温かさ**だ。	足が**温まる**。／足を (　　　　)。
(4)	―	気持ち悪い (　　　　) がする。	痛みを**感じる**。
(5)	―	医者の**助け**が要る。	病気の人を (　　　　)。

30 ── 実力養成編　第1部　話題別に言葉を学ぼう

4 ＿＿に似た意味の語を「言葉」の中から選び、必要なら形を変えて、（　）に入れなさい。

(1) A：ずっと、頭が痛いのが続くので、病院で調べてもらうことになりました。

　　B：頭を（　　　　　　　）するのは、少し怖くないですか。

(2) A：ガンだったんですけど、（　　　　　　　）が早かったので、問題はないそうです。

　　B：ガンでも、早く見つけることができれば、治るそうですね。

(3) A：外から帰ってきたら、石鹸を使って、手をきれいに洗ってくださいね。

　　B：手を（　　　　　　　に）しておくことも大切なんですね。

(4) A：怪我は大体治りましたので、前のように仕事ができると思います。

　　B：じゃあ、もう（　　　　　　　）よくなっているんですね。

5 （　）に一番合うものをaからeの中から選びなさい。

(1) 火傷をしたときは、（　　　　　）。　　　　a. 水で洗うだけで大丈夫だと思う

(2) この注射を2回打つだけで、（　　　　　）。　　b. 抜くことになった

(3) 小さな傷なので、（　　　　　）。　　　　c. 病気になるのを防げるそうだ

(4) 歯が痛くて、夜、眠れないので、（　　　　　）。　d. 我慢しないで、薬を飲んでください

(5) 頭が痛いときは、（　　　　　）。　　　　e. すぐに水で冷やしたほうがいい

6 「言葉」の語を（　）に入れて、会話を作りなさい。最初の字はヒントです。

医者：どうしましたか。

私：　熱があって、すごく寒いんです。

医者：（①た ＿ ＿ ＿ ）は（②は ＿ ＿ ）ましたか。

私：　はい。朝は38.7度ありました。

医者：高いですね。熱が高い（③じょ ＿ ＿ ＿ ）はいつから続いていますか。

私：　昨日の夜からだと思います。

医者：わかりました。じゃあ、これから簡単な（④け ＿ ＿ ）をします。鼻を調べるんで
　　　すが、少し（⑤い ＿ ＿ ）を感じると思うので、ちょっと（⑥が ＿ ＿ ）してくだ
　　　さい。[（④）が終わる。]

　　　ああ、インフルエンザに（⑦か ＿ ＿ て）いるようですね。では、お薬を出してお
　　　きます。この薬を飲めば、（⑧か ＿ ＿ ＿ ）はとても早いですよ。

8課 趣味と旅行1：スポーツ、芸術

Ⅰ. 言葉を覚えよう ≫

1 スポーツ

1-1 ウォーミングアップ

スポーツをするのと見るのとどちらが好きですか。どんなスポーツが好きですか。

1-2 言葉

① 試合の**開始**を**待つ**	bắt đầu
② **選手**の**活躍**に**期待**する	vận động viên hoạt động sôi nổi kỳ vọng, hy vọng
③ 日本**チーム**を**応援**する	đội cổ vũ
④ 試合に**出場**する	tham gia
⑤ **ボール**を □ ● **投げる／打つ／蹴る**	quả bóng đá, sút
⑥ **優勝**を**争う**	vô địch tranh giành
⑦ **負けて、悔しい**	hối tiếc, tiếc nuối, cay cú
⑧ 日本の**代表**に**選ばれる**	đại diện, thay mặt
⑨ **厳しいトレーニング**をする	huấn luyện
⑩ 町の中の**コース**を**走る**	cung đường, đường đi, lộ trình
⑪ **トップでゴール**する	đứng đầu đích, gôn
⑫ **途中であきらめる**	bỏ cuộc, từ bỏ, thôi
⑬ **記録**を**破る**	kỷ lục phá vỡ

1-3 やってみよう ＿＿の必要なところに「ッ」「ン」「ー」を入れてください。

（例） ス ＿ ポ ＿ ツ ＿

(1) ボ ＿ ル ＿

(2) チ ＿ ム ＿

(3) ト ＿ レ ＿ ニ ＿ グ ＿

(4) ト ＿ プ ＿

(5) ゴ ＿ ル ＿

(6) コ ＿ ス ＿

32 —— 実力養成編　第1部　話題別に言葉を学ぼう

② 芸術

2-1 ウォーミングアップ

日本の映画を見たことがありますか。どんな映画でしたか。どう思いましたか。

2-2 言葉

① **芸術**に興味がある	nghệ thuật
② **一流**の ☐ ● **作家**／**画家**／**音楽家**	hạng đầu, xuất sắc nhất nhà văn họa sĩ
③ **才能**のある**監督**	tài năng huấn luyện viên, đạo diễn
④ **人気**のある ● **俳優**／**女優**	được yêu thích diễn viên nữ diễn viên
⑤ お**勧**めの**作品**	giới thiệu, tiến cử tác phẩm
⑥ **ストーリー**が**単純**だ	câu chuyện đơn thuần, đơn giản
⑦ ☐ を**表現**する ● **喜**び／**悲**しみ／**感情**	biểu cảm, thể hiện niềm vui nỗi buồn, sự đau buồn cảm xúc, tâm trạng
⑧ **楽器**を**弾**く	nhạc cụ
⑨ **プロ**の**演奏**を**聞**く	chuyên nghiệp diễn tấu
⑩ **感想**を**言**う	cảm tưởng, cảm nghĩ
★ **コンクール**に**出**る	cuộc thi
★ ☐ を**見**る ● **演劇**／**絵画**／**アニメ**	diễn kịch tranh, hội họa phim hoạt hình

2-3 やってみよう 「言葉」から太字の語を選んで、（ ）に入れなさい。

(1) 私が弾ける（　　　　　　　）はピアノだけだ。

(2) その女優は感情を（　　　　　　　）するのがうまい。

(3) 自分には小説を書く（　　　　　　　）がないと思う。

(4) その映画が面白かったか、友達に（　　　　　　　）を聞いてみた。

(5) 150年前に描かれたその（　　　　　　　）は、1枚1,000万円もするそうだ。

(6) この映画は、出ている俳優はいいのだが、（　　　　　　　）がつまらない。

第8課　趣味と旅行1：スポーツ、芸術 —— 33

Ⅱ. 練習しよう

1 正しいほうを選びなさい。

(1) その歌手は最近、人気が（a. して　b. 出て）きた。
(2) 勝てないと思っていたのに、勝てたので、喜びが（a. 大きい　b. 高い）。
(3) 田中選手は、怪我をしていたので、試合で（a. 活躍　b. 出場）できなかった。
(4) 42.195キロを2時間3分で走るというすごい記録が（a. した　b. 出た）。
(5) 田中さんは、日本人形の（a. 画家　b. 作家）だ。

2 ＿＿に似た意味の語を「言葉」の中から選び、必要なら形を変えて、（　）に入れなさい。

(1) A：川口さんがギターを弾くのを見たけど、すごく上手だね。
　　B：川口さんの（　　　　）はすごいよね。
(2) A：ワールドカップでスペインが（　　　　）するとは思わなかったな。
　　B：僕は前からスペインが一番になると思ってたよ。
(3) A：試合は、6時半（　　　　）だよ。
　　B：始まるまで、あと30分あるね。
(4) A：喜びの気持ちをどうやって表現すればいいんでしょうか。
　　B：顔や手を使って、もっと（　　　　）を外に出すようにしてください。
(5) A：中村さんはすごい選手だったけど、オリンピックには出られなかったんだ。
　　B：オリンピックに（　　　　）するのは難しいよね。
(6) A：上田さん、また、練習を休んだよ。
　　B：毎日、（　　　　）しないと、強くなれないよね。

3 正しいものを全部選びなさい。

(1) この学校には才能（a. な　b. の　c. する　d. のある）音楽家が集まっている。
(2) 宮崎さんが監督（a. な　b. の　c. する　d. のある）映画はみんな素晴らしい。
(3) 話が単純（a. な　b. の　c. する　d. のある）映画のほうが、私は好きだ。
(4) 石田さんは、若い人に人気（a. な　b. の　c. する　d. のある）小説家だ。
(5) 前野さんは、プロ（a. な　b. の　c. する　d. のある）画家だから、絵がうまい。
(6) 私が期待（a. な　b. の　c. する　d. のある）選手は山田選手だ。
(7) 下田さんは、一流（a. な　b. の　c. する　d. のある）作家だと思う。

4 （　）に入る語を□の中から選びなさい。

(1) ① 中村選手は左足でボールを（　　　　）、ゴールに入れた。

② 田村選手と安藤選手が優勝を（　　　　）いる。

③ 北島選手は、今までの日本記録を（　　　　）、日本の代表に選ばれた。

a.争って　　b.蹴って　　c.破って

(2) ① 皆さんの温かい（　　　　）のおかげで、勝つことができました。

② この試合で勝ったほうが日本の（　　　　）になる。

③ マンガやアニメも私は（　　　　）だと思う。

a.応援　　b.芸術　　c.代表

(3) ① 優勝することができなかったことが（　　　　）。

② 自分は弱いと思って、勝つことを（　　　　）のが一番よくない。

③ その小説には、夫に先に死なれた妻の（　　　　）が丁寧に書かれていた。

a.あきらめる　　b.悲しみ　　c.悔しい

5「言葉」の語を（　）に入れて、文章を作りなさい。最初の字はヒントです。

　　私がみなさんに（①お＿＿＿）したいのは『だめオーケストラ』という映画です。山田一郎というとても（②さ＿＿＿）のある（③か＿＿＿）の映画で、今、日本で（④に＿＿）のある（⑤は＿＿＿）さんや（⑥じょ＿＿）さんが大勢出ています。いつも遊んでばかりいる音楽大学のだめな学生たちが、オーケストラを作るお話です。最初はいろいろ失敗するんですが、すごい（⑦ト＿＿＿＿＿）をして、最後には、大学の（⑧だ＿＿＿＿）になって、コンクールに（⑨しゅ＿＿＿）して、（⑩ゆ＿＿＿＿）するという（⑪ス＿＿＿＿）です。映画に出ている（⑤）さんたちは、全然（⑫が＿＿）が弾けないんだそうですが、映画の中では、本当に上手に（⑬え＿＿＿）しているように見えます。この映画はみなさんに（①）できる、とても面白い（⑭さ＿＿＿）だと思います。

第8課　趣味と旅行1：スポーツ、芸術 —— 35

9課　趣味と旅行2：ファッション

Ⅰ．言葉を覚えよう ≫

1 ファッション(1)

1-1 ウォーミングアップ

最近どんな服を買いましたか。服を買ったとき、お店の人と何か話しましたか。

1-2 言葉

① 最新のファッション	mới nhất / thời trang
② 流行の □□□□ ● スタイル／デザイン	thịnh hành, mốt kiểu cách, phong cách thiết kế
③ おしゃれな眼鏡	diện, sành điệu, hợp mốt
④ 服を □□□□ ● 試着する／着替える	thử quần áo thay đồ
⑤ ズボンが □□□□ ● きつい／緩い	chật rộng
⑥ 袖が短い	tay áo
⑦ サイズが □□□□ ● 合う・ぴったりだ	cỡ, kích cỡ vừa vặn
⑧ ネクタイが気に入る	thích, vừa lòng
⑨ スーツが似合う	hợp
⑩ 服に関心がない	quan tâm
★ □□□□を着る ● パジャマ／ワンピース／浴衣／水着	quần áo ngủ váy liền áo Yukata áo bơi

1-3 やってみよう 「言葉」から太字の語を選んで、（　）に入れなさい。

(1) 最近、太ってしまったので、スカートが（　　　　　）。

(2) 服を買う前にお店で（　　　　　）してみた。

(3) 私は、手が短いので、このシャツを着るときは（　　　　　）を折って着る。

(4) 運動をした後は、シャワーを浴びて、服を（　　　　　）ことにしている。

(5) 山田さんは、服が好きで、自分で（　　　　　）した服が着てみたいと言っている。

36 ── 実力養成編　第1部　話題別に言葉を学ぼう

2 ファッション⑵

2-1 ウォーミングアップ

今日はどんな服を着ていますか。説明してください。

2-2 言葉

① ◻️服 ● きちんとした／高級な／上品な／シンプルな	chỉnh tề cao cấp thanh lịch, lịch sự, tao nhã đơn giản
② ◻️服装　● 派手な／地味な	trang phục lòe loẹt, sặc sỡ giản dị
③ ◻️人　● かっこいい／かっこ悪い／素敵な	đẹp, hay xấu, dở, khó coi tuyệt vời
④ ◻️ドレス ● 真っ赤な／真っ白な／真っ黒な	váy đỏ chót trắng tinh đen tuyền
⑤ ◻️のスカート ● オレンジ／ピンク／紫／灰色	màu cam màu hồng màu tím màu xám
⑥ 濃い緑色の服	đậm
⑦ バッグと靴の色を合わせる	phối màu, phối hợp, kết hợp
⑧ 花の模様のハンカチ	họa tiết, hoa văn
⑨ 無地の着物	trơn, một màu
☆ ◻️のセーター　● ウール／綿	len bông, vải cotton
☆革のコート	da áo khoác
☆ ◻️をはく　● パンツ／ストッキング／ ジーンズ／サンダル／ブーツ	quần lót tất giấy, vớ giấy quần jean dép xăng đan giày cao cổ, bốt

2-3 やってみよう　「言葉」から太字の語を選んで、（　）に入れなさい。

(1) 仕事でお客さんに会うときは、（　　　　　　）にも気を付けなければならない。

(2) 今年は、普通の赤じゃなくて、もっと濃い（　　　　　　）な服が流行するそうだ。

(3) 大人なのに、可愛いウサギの（　　　　　　）の入った鞄を持っていた。

(4) 山田さんはいつも（　　　　　）な服を着ているので、暗い人だと思われてしまう。

第9課　趣味と旅行2：ファッション　37

Ⅱ. 練習しよう ≫

1 正しいほうを選びなさい。

(1) 林さんはそのハンカチがとても気に (a. 入って　b. 入って) いるようだ。

(2) 山田さんもやっとおしゃれに関心を (a. した　b. 持った) ようだ。

(3) 今年は短いスカートが流行 (a. している　b. だ)。

(4) 久しぶりに先生に会うので、きちんと (a. な　b. した) 服を着ていった。

(5) サイズが (a. 合わせない　b. 合わない) 靴を履いていたので、足が痛い。

2 ____ に似た意味の語を「言葉」の中から選び、必要なら形を変えて、( ) に入れなさい。

(1) A：姉のTシャツを借りたら、サイズがちょうどよかったんで、着てきちゃった。

　　B：ホントだ。(　　　　　　) だね。

(2) A：いつも (　　　　　　) の服を着ているね。

　　B：うん。何にも描いてない服のほうが好きなんだ。

(3) A：スーツを着るときは、靴とベルトの色を一緒にしたほうがいいですよ。

　　B：色を (　　　　　　) ほうがいいんですね。

(4) A：靴をもらったんだけど、大き過ぎて、歩きにくくて。

　　B：大分 (　　　　　　) みたいだね。

(5) A：その変な服が (　　　　　　) のファッションなの?

　　B：そうだよ。これが一番新しい人気のデザインなんだよ。

(6) A：ファッションには全然 (　　　　　　) がないんだ。

　　B：少しはおしゃれにも興味を持たないと、だめだよ。

3 ( ) に入る語を ☐ の中から選びなさい。

(1) ① 洗濯をして、(　　　　) になったシャツを着るのは気持ちがいい。

　　② 今日が初めてのデートだったので、(　　　　) をして出かけた。

　　③ 最近、(　　　　) のコートを着ている人をときどき見る。

> a. おしゃれ　　b. 真っ白　　c. 紫

(2) ① シャツをズボンの中に入れるのは、(　　　　) と思う。

　　② もうすぐ秋なので、少し (　　　　) 色の服を買おうと思う。

③ 電車の中で見る日本の男性の（　　　）はかっこ悪いと思う。

a.かっこ悪い　　b.濃い　　c.ファッション

(3)　① 林さんは、背が高くて、痩せているので、どんな服を着ても、よく（　　　）。

　　② パソコンの画面で見たときは（　　　）な服に見えた。

　　③ 長い袖の服の上にTシャツを着る（　　　）は昔はなかった。

a.スタイル　　b.素敵　　c.似合う

4 正しいものには〇、正しくないものには×を書きなさい。

(1)　日本の女性は結婚するとき、真っ黒なドレスや着物を着ることが多い。　　（　　　）

(2)　花や月、鳥など、日本の着物にはいろいろな模様が描かれている。　　（　　　）

(3)　茶色や灰色、黒の服をよく着ている人を派手な人という。　　（　　　）

(4)　町で下着のような服を着ていると、上品だと言われる。　　（　　　）

(5)　着物はシンプルな服なので、誰でも簡単に着られる。　　（　　　）

(6)　東京や大阪には高級な服を売っている店があまりない。　　（　　　）

5 「言葉」の語を（　）に入れて、会話を作りなさい。最初の字はヒントです。

店員：何かお探しですか。 客：　あのう、このシャツ、（①し ＿ ＿ ＿）してみてもいいですか。 店員：はい、どうぞ。ご用がありましたら、お呼びください。〜いかがですか。 客：　このシャツ、M（②サ ＿ ＿）なんですけど、ちょっと首が（③き ＿ ＿ て）。 　　（④そ ＿）ももう少し長いほうが…。 店員：そうですね。今、L（②）のものをお持ちします。〜申し訳ありません。L（②）なんですが、同じお色のものがなくてですね。こちらの薄い（⑤オ ＿ ＿ ＿）のものと（⑥ピ ＿ ＿）のものしかないんですが…。 客：　（⑥）は少し（⑦は ＿）ですね。（⑤）のを着てみます。 店員：今度はいかがですか。 客：　今度は（⑧ぴ ＿ ＿ ＿）です。

第9課　趣味と旅行2：ファッション　　39

10課 趣味と旅行3：旅行

Ⅰ．言葉を覚えよう ≫

1 旅行

1-1 ウォーミングアップ

最近、いつ旅行へ行きましたか。そこで何をしましたか。

1-2 言葉

① □□□を取る ● **休暇／休憩**	nghỉ phép nghỉ giải lao
② **ツアー**に**申し込む**	tua du lịch đăng ký
③ **予算**が少ない	dự toán, ngân sách
④ 予約を**キャンセル**する	hủy bỏ
⑤ **ガイド**の説明を聞く	hướng dẫn viên, hướng dẫn
⑥ **観光**を楽しむ	tham quan
⑦ **詳しい**地図で調べる	chi tiết
⑧ 道に**迷う**	lạc đường
⑨ お金を**両替**する	đổi tiền
⑩ **お土産**を買う	quà
⑪ 京都の**名物**のお菓子	đặc sản
⑫ **風景**の美しさに**感動**する	phong cảnh cảm động
⑬ **温泉**に入って、□□□ ● **のんびり**する／**リラックス**する	suối nước nóng thong dong, thư thả thư giãn
⑭ □□□に残る ● **思い出／記憶**	kỷ niệm ký ức

1-3 やってみよう 「言葉」から太字の語を選んで、（ ）に入れなさい。

(1) いい（　　　　　　）の人がいると、旅行がもっと楽しくなる。

(2) （　　　　　　）が3万円しかないので、あまり遠くには行けない。

(3) 2時間運転をしたので、15分（　　　　　　）を取ることにした。

(4) 急に旅行に行けなくなって、予約していたホテルを（　　　　　　）した。

40 —— 実力養成編　第1部　話題別に言葉を学ぼう

2 移動

2-1 ウォーミングアップ
旅行へ行ったとき、どうやって行きましたか。すぐに着きましたか。

2-2 言葉

① 駅に**集合**する	tập hợp, tập trung
② バスで**移動**する	di chuyển
③ 空港で**チェックイン**する	check-in, làm thủ tục check-in
④ 荷物を**検査**する	kiểm tra
⑤ ☐ に乗り換える ● **国内線／国際線**	đường bay nội địa / đường bay quốc tế
⑥ **満員**で乗れない	đông hết chỗ, chật kín
⑦ **ドライブ**をする	lái xe, lái xe đi chơi
⑧ 道路が ☐ ● **混雑**する・**渋滞**する／すく	đường, đường bộ / đông đúc, lộn xộn / tắc đường, ùn tắc
⑨ ☐ を落とす ● **スピード・速度**	tốc độ, vận tốc / tốc độ, vận tốc
⑩ **のろのろ**進む	chậm chạp, lề rề
⑪ **信号**で止まる	đèn giao thông
⑫ 車に**酔う**	say
⑬ 途中で**くたびれる**	mệt mỏi
⑭ **無事**に**到着**する	bình an vô sự, an toàn / đến, đến nơi
★ ☐ を見せる ● **チケット／パスポート**	vé / hộ chiếu
★ **シートベルト**を締める	dây an toàn

2-3 やってみよう 「言葉」から太字の語を選んで、（ ）に入れなさい。

(1) 電車に乗ったが、（　　　　　）で座れなかった。
(2) バスの事故があったが、乗っていた人はみんな（　　　　　）だった。
(3) 国際線の空港と（　　　　　）の空港が同じところにないので、不便だ。

Ⅱ. 練習しよう ≫

1 正しいほうを選びなさい。

(1) 夏休みは、海に行って、(a.のろのろ　b.のんびり) 休みたいと思う。

(2) 道がすいていたので、車の速度を (a.上げた　b.足した)。

(3) 電車の中はとても (a.渋滞　b.混雑) していた。

(4) 3週間ぐらい (a.休暇　b.休憩) を取って、旅行に行くことにした。

2 ＿＿＿に似た意味の語を「言葉」の中から選び、必要なら形を変えて、( ) に入れなさい。

(1) A：空港で鞄を開けて、中まで調べられたよ。

　　B：最近は、荷物の (　　　　　　　) も厳しくなってるみたいだね。

(2) A：車の運転が趣味なんだ。

　　B：じゃあ、今度、(　　　　　　　) に連れていってよ。

(3) A：朝の8時に学校に (　　　　　　　) して、そこからバスで出かけます。

　　B：学校に一度集まるんですね。

(4) A：バスに6時間も乗ったので、(　　　　　　　) よ。

　　B：それは疲れたでしょう。

(5) A：これ、日本の田舎の (　　　　　　　) を撮った写真なんだ。

　　B：景色がいいところだね。

(6) A：大阪へ行く電車はまだ着かないんでしょうか。

　　B：申し訳ありません。(　　　　　　　) が10分ほど遅れております。

3 ( ) に一番合うものをaからdの中から選びなさい。

(1) ① 道に (　　　　)　　　　　　　　　a.酔う

　　② 乗り物に (　　　　)　　　　　　　b.申し込む

　　③ ツアーに (　　　　)　　　　　　　c.到着する

　　④ 日本に (　　　　)　　　　　　　　d.迷う

(2) ① 体と心が (　　　　)　　　　　　　a.渋滞する

　　② 道路が (　　　　)　　　　　　　　b.リラックスする

　　③ スピードが (　　　　)　　　　　　c.詳しい

　　④ 説明が (　　　　)　　　　　　　　d.出る

4 ( )に入る語を□の中から選びなさい。

(1) ① 東京の町の中にも、(　　　)に入れるところがいくつかある。
② この町の(　　　)は焼きそばだそうなので、食べてみたい。
③ 友人と富士山に登ったことが一番の(　　　)だ。

　　a.思い出　　b.温泉　　c.名物

(2) ① 東北で会った子供のことは、強く(　　　)に残っている。
② 東京から大阪へ(　　　)するだけで、疲れてしまった。
③ お祭りを見ることができて、とても(　　　)した。

　　a.移動　　b.感動　　c.記憶

(3) ① ホテルには夕食の30分前までに(　　　)してください。
② この道は(　　　)が多くて、車がなかなか進まない。
③ 空港で円をドルに(　　　)してもらった。

　　a.両替　　b.信号　　c.チェックイン

5 「言葉」の語を( )に入れて、文章を作りなさい。最初の字はヒントです。

山田みゆき先生
　金です。こんばんは、先生。(①ぶ＿)日本に(②と＿＿＿)しました。今、東京のホテルにいます。でも、今日はとても(③く＿＿＿)ました。空港から東京までは、バスで(④い＿＿)しましたが、(⑤ど＿＿)が(⑥じゅ＿＿＿)していて、大変でした。バスも(⑦の＿＿＿)としか走りませんでしたし、ほかのお客さんがバスに(⑧よっ＿)しまって、途中でときどき(⑨きゅ＿＿＿)をしながらだったので、東京まで2時間もかかってしまいました。
　ところで、明日は浅草を(⑩か＿＿＿)する予定です。先生に教えていただいた日本語を使って、楽しい(⑪お＿＿＿)を作りたいと思います。先生にも(⑫お＿＿＿)を買って帰りますね。それでは、また。
　　　　　　　　　　　　　　　　　　　　　　　　　　　　　　　金京姫

第10課　趣味と旅行3：旅行 — 43

実力を試そう（6課〜10課）  /20点

1. （　）に入れるのに最もよいものを、1・2・3・4から一つえらびなさい。（1点×8）

① 久しぶりに国に帰って、（　）することができた。
　　1 びっくり　　2 のろのろ　　3 のんびり　　4 ぴったり

② このマンガ家はとても（　）がある。
　　1 活躍　　　　2 芸術　　　　3 人気　　　　4 表現

③ ここで、10分（　）にしましょう。
　　1 休暇　　　　2 休憩　　　　3 休日　　　　4 休息

④ 試合で一番になれなくて、（　）。
　　1 くやしい　　2 くらい　　　3 くるしい　　4 くわしい

⑤ 二人はトップを（　）、走っていた。
　　1 あたえて　　2 あたって　　3 あたためて　4 あらそって

⑥ どんなことでも最後まで（　）続けることが大切だ。
　　1 あきらめないで　2 けずらないで　3 むすばないで　4 やぶらないで

⑦ お正月だったので、空港はとても（　）していた。
　　1 混雑　　　　2 渋滞　　　　3 出場　　　　4 到着

⑧ 山本さんは、（　）の音楽家だ。
　　1 一流　　　　2 演奏　　　　3 才能　　　　4 代表

2. ＿＿に意味が最も近いものを、1・2・3・4から一つえらびなさい。（1点×4）

① 山本さんは、その靴が気に入っているようで、毎日履いている。
　　1 好きな　　　2 嫌いな　　　3 欲しい　　　4 欲しくない

② もうすぐ旅行なので、両替をしておくことにした。
　　1 お金を替えて　2 切符を替えて　3 車を替えて　4 電車を替えて

③ まったく面白くない本だったけど、最後まで読んだ。
　　1 あまり　　　2 少し　　　　3 全然　　　　4 大分

4 酷い怪我なので、回復にはもう少し時間がかかりそうだ。

1 たすかる　　2 たすける　　3 すくう　　4 なおる

3. つぎのことばの使い方として最もよいものを、1・2・3・4から一つえらびなさい。(2点×4)

1 防ぐ
1 病気の人を防ぐことが医者の仕事だ。
2 この病院では、医者を防ぐことができる。
3 運動することで、体を防ぐようにしている。
4 この薬は、目の病気を防ぐのに使われる。

2 内緒
1 山田さんは、恋人と映画に行くことを内緒にしていた。
2 森山さんは、広い内緒で料理をしたいと思っていた。
3 田中さんは、体の内緒があまりよくないようだ。
4 川口さんは、日本の内緒をたくさん旅行したそうだ。

3 シンプル
1 山田さんは運動をしているから、体がシンプルだ。
2 病院に行ったが、熱はシンプルだと言われた。
3 彼が作る料理は、時間がかからないシンプルなものばかりだ。
4 飛行機に乗ったので、もうお金がシンプルだ。

4 みっともない
1 病気で大変な母をもう私はみっともなかった。
2 そんな素晴らしい映画を今まで私はみっともなかった。
3 試合で、子供に負けてしまい、みっともなかった。
4 道がみっともなかったので、地図を見ながら運転した。

実力を試そう (6課〜10課) — 45

11課 教育1: 学校生活（小中高）

Ⅰ. 言葉を覚えよう ≫

1 学校生活

[1-1] ウォーミングアップ

学校で先生に怒られたことがありますか。何をしているときに、怒られましたか。

[1-2] 言葉

① 新しい □□□ が始まる ● 学年／学期	năm học học kỳ
② 電車で通学する	tới trường, đi học
③ 授業に遅刻する	đến muộn, đến trễ
④ 授業を欠席する	vắng mặt, nghỉ
⑤ 生徒にプリントを配る	bản in phát, phân phát
⑥ 勉強が □□□ だ ● 得意／苦手	thành thạo, có thể mạnh kém, yếu
⑦ 授業中に □□□ する ● おしゃべり／居眠り	trò chuyện, tán ngẫu ngủ gật
⑧ □□□ を食べる ● 給食／お弁当	bữa ăn trưa ở trường
⑨ □□□ に入る ● クラブ／サッカー部	câu lạc bộ câu lạc bộ ~
⑩ テニスの大会に出る	cuộc thi đấu
★ □□□ の準備をする ● 遠足／修学旅行／運動会／体育祭／文化祭	dã ngoại du lịch học tập ngoại khóa ngày hội thể thao hội thao lễ hội văn hóa

[1-3] やってみよう 「言葉」から太字の語を選んで、（　）に入れなさい。

(1) 昨日、あまり寝ていなくて、授業のときに（　　　　　　）をしてしまった。

(2) 冬休みが終わって、明日から新（　　　　　　）だ。

(3) 宿題の（　　　　　　）を家によく忘れてきてしまう。

(4) 大学に入ったら、テニス（　　　　　　）に入りたい。

46 ── 実力養成編　第1部　話題別に言葉を学ぼう

2 勉強

2-1 ウォーミングアップ

中学や高校であなたはどんな勉強をしましたか。言葉の勉強はしましたか。

2-2 言葉

① 外国語を ☐ ● 学ぶ・学習する		học / học tập
② 先生に数学の基礎を ☐ ● 習う・教わる		cơ bản / học / được dạy
③ 知識が増える		kiến thức
④ 疑問を持つ		nghi vấn
⑤ 実力を ☐ ● 付ける／試す／出す		thực lực / thử
⑥ ☐ を取る ● 満点／いい成績		điểm tuyệt đối / thành tích
⑦ 単語を暗記する		từ, từ vựng / học thuộc lòng
⑧ 話の内容を理解する		nội dung / hiểu
⑨ 日本語でスピーチする		diễn thuyết, hùng biện
⑩ 会話のレベルは ☐ だ ● 初級／中級／上級		trình độ, cấp độ / sơ cấp / trung cấp / cao cấp
★ ☐ の授業に出る ● 国語／理科／体育／数学／社会／音楽		quốc ngữ / khoa học tự nhiên / môn thể dục

2-3 やってみよう 「言葉」から太字の語を選んで、（ ）に入れなさい。

(1) 一つも間違えなかったので、試験は（　　　　）だった。

(2) 大勢の人の前だと、うまく話せなくなるので、（　　　　）は好きじゃない。

(3) 文法は易しいけど、知らない（　　　　）が多くて、この本は読みにくい。

(4) この本は、言葉は易しいけど、（　　　　）は難しい。

(5) ひらがなも漢字もまだ書けなかったので、日本語学校では（　　　　）のクラスで勉強することになった。

第11課　教育1：学校生活（小中高）── 47

II. 練習しよう ≫

1 正しいほうを選びなさい。

(1) 夏休みの後、田中さんは急に成績が (a. 上がった　b. 増えた)。

(2) テストを受けてみて、自分に実力が (a. 少ない　b. ない) ことがよくわかった。

(3) 木村先生は、日本文化についての (a. 深い　b. 大きい) 知識をお持ちだ。

(4) 先生の説明がよくわからなかったので、(a. 疑問　b. 質問) をした。

(5) ジョンさんの日本語のレベルはとても (a. 大きい　b. 高い)。

2 ＿＿に似た意味の語を「言葉」の中から選び、必要なら形を変えて、( )に入れなさい。

(1) A：電車で学校まで通ってるんですか？

　　B：はい。でも、(　　　　　　　　) にはバスも使っています。

(2) A：誰に英語を (　　　　　て) るの？

　　B：イギリス人の友達に教えてもらってるんだ。

(3) A：先生に直してもらった作文を (　　　　　　) してくる宿題が出たんだ。

　　B：大変だね。日本語で書いたものを覚えられる？

(4) A：先生が話をしているときに、友達と話してたら、怒られちゃった。

　　B：授業中に (　　　　　) しちゃいけないよ。先生の話は聞かなくちゃ。

(5) A：林君、また、(　　　　　　) ですね。

　　B：すみません。今日は授業に遅れないようにと思っていたんですが…。

(6) A：この文章、難しくって、読んでも、全然 (　　　　　　) できないんだ。

　　B：何回も読めば、わかるようになるよ。

3 ( )に入る語を ▢ の中から選びなさい。

(1) ① 日本の高い技術を (　　　　) ために、日本の大学に入りたい。

　　② 自分の力を (　　　　) ために、日本語能力試験を受けてみることにした。

　　③ 宿題のプリントが多かったので、学生もプリントを (　　　　) のを手伝った。

```
a. 配る　　b. 試す　　c. 学ぶ
```

(2) ① 文法を (　　　　) から、もう一度、勉強したほうがいい。

　　② この本は、漢字を楽しく (　　　　) できるように、作られている。

48 ─── 実力養成編　第1部　話題別に言葉を学ぼう

③ 私は早く起きるのが（　　　　　）で、毎日のように、授業に遅れていた。

a.学習　　　b.基礎　　　c.苦手

(3)　① 小学校のときは、（　　　　　）が全部食べられないことが多かった。
　　② 何にも（　　　　　）に入っていなかったので、毎日、すぐ家に帰っていた。
　　③ （　　　　　）が近くなると、練習の時間も長くなって、大変だった。

a.給食　　　b.大会　　　c.クラブ

4 （　）に適当な助詞を入れなさい。

(1) 日本語の授業（　　　　　）出席する。　　(2) 日本語の授業（　　　　　）欠席する。
(3) 1時間目の授業（　　　　　）遅刻する。　(4) 1時間目の授業（　　　　　）間に合う。
(5) 音楽の先生（　　　　）ピアノ（　　　　）習う。　(6) 自転車（　　　　）高校（　　　　）通う。
(7) 先生が学生（　　　　）テストの紙（　　　　）配る。
(8) 友達（　　　　）おしゃべり（　　　　）する。
(9) 英語の試験（　　　　）満点（　　　　）取る。

5 「言葉」の語を（　）に入れて、文章を作りなさい。最初の字はヒントです。

　　私は田舎に住んでいて、中学までは遠かったので、バスで（①つ＿＿＿）していました。学校まで行くバスは、1時間に1本しかなかったので、学校にときどき（②ち＿＿）をしてしまうことがありました。でも、体だけは丈夫だったので、授業を（③けっ＿＿）するようなことはあまりありませんでした。
　　勉強で（④と＿＿）だったのは、国語と社会で、（⑤に＿＿）だったのは、数学と理科でした。数学の（⑥せ＿＿＿）はいつもあまりよくなかったんですが、一度だけ、テストの前の日に、私より一つ（⑦が＿＿＿）が上の（⑧ク＿＿）の先輩に（⑨お＿＿＿て）、テストで（⑩ま＿＿＿）を取ったことがありました。でも、その後は、だめでしたね。3年生になったら、数学と理科は授業の（⑪な＿＿＿）が全然（⑫り＿＿）できなくなってしまって、授業中は（⑬い＿＿＿）をしていることが多かったですね。私はあんまり真面目な学生じゃなかったんです。

第11課　教育1：学校生活（小中高）　49

12課 教育2：学校生活（大学）

Ⅰ．言葉を覚えよう ≫

1 受験勉強・試験

1-1 ウォーミングアップ

日本で大学に入りたいとき、どんなことをしなければならないと思いますか。

1-2 言葉

① _____ の大学を受験する ● 私立／国立	dự thi tư lập, dân lập quốc lập
② 大学院に進学する	viện đào tạo sau đại học học lên
③ 徹夜で勉強する	thức trắng đêm
④ 一生懸命努力する	nỗ lực, cố gắng
⑤ ミスがないか、 _____ ● 確かめる・確認する	lỗi sai làm rõ, xác nhận xác nhận
⑥ 解答を見直す	đáp án, câu trả lời xem lại, điều chỉnh
⑦ 計算を間違う	tính toán nhầm, sai
⑧ 試験の結果が発表される	kết quả phát biểu
⑨ 試験に _____ ● 通る・合格する・パスする／落ちる	đỗ đỗ, qua
⑩ 東京大学を不合格になる	trượt
★ _____ を買いに行く ● 教科書／参考書／問題集	sách giáo khoa sách tham khảo sách bài tập
★ _____ に入る ● 医学部／理工学部／文学部／法学部／ 経済学部／社会学部	khoa y khoa khoa học công nghệ khoa văn học khoa luật khoa kinh tế khoa xã hội

1-3 やってみよう 「言葉」から（ ）に入る _____ と反対の意味の語を選びなさい。

(1) 私立大学を受ける。⇔（ _____ ）大学を受ける。

(2) 京都大学に合格する ⇔ 京都大学を（ _____ ）になる。

(3) 試験に落ちた原因を考える。⇔ 試験の（ _____ ）はとてもよかった。

(4) 問題を読む。⇔（ _____ ）を書く。

50 —— 実力養成編 第1部 話題別に言葉を学ぼう

2 大学生活

2-1 ウォーミングアップ

大学生は大学で何をしているでしょうか。日本語で考えてみてください。

2-2 言葉

① ☐ に出席する ● 講義／ゼミ	Seminar
② 田中教授の指導を受ける	giáo sư / hướng dẫn
③ 先輩から ☐ をもらう ● アドバイス／コメント	lời khuyên / lời khuyên, ý kiến, lời bình luận
④ ☐ が面白い ● 授業／研究／実験	thí nghiệm, làm thí nghiệm
⑤ ☐ を提出する ● レポート／課題／卒業論文（卒論）	nộp (luận văn, báo cáo) / chủ đề / luận văn tốt nghiệp / luận văn tốt nghiệp
⑥ ☐ を払う ● 授業料・学費	tiền học / học phí (bao gồm nhiều khoản)
⑦ 大学の寮に住む	ký túc xá
⑧ 一人で暮らす（一人暮らしをする）	sinh sống / sống một mình
⑨ サークルの ☐ に行く ● 飲み会／合宿	câu lạc bộ / huấn luyện tập trung
⑩ 後輩を育てる	học sinh khóa dưới, hậu bối
⑪ 学園祭に参加する	lễ hội của trường / tham gia, tham dự
⑫ 海外の大学に留学する	du học

2-3 やってみよう 「言葉」から太字の語を選んで、（ ）に入れなさい。

(1) レポートは7月25日までに、（　　　　）してください。

(2) 日本語をもっと勉強したかったので、日本に（　　　　）することにした。

(3) 勉強もしないで、テニスの（　　　　）に入って、テニスばかりしている。

(4) レポートはA4、5枚ぐらいでいいけど、（　　　　）はA4で50枚以上書かなければならない。

(5) 勉強のことで林くんに相談をすると、いつもいい（　　　　）をくれる。

第12課　教育2：学校生活（大学）— 51

II. 練習しよう ≫

1 正しいほうを選びなさい。

(1) スピーチの後に先生からコメントを (a.受けた　b.もらった)。

(2) 先生が指導を (a.受けて　b.して) くださったので、日本語の発音がよくなった。

(3) 試験で (a.ミス　b.パス) をしたので、今年は大学に入れなかった。

(4) 1か月3万円では、日本では (a.住んで　b.暮らして) いけない。

(5) 日本以外の国からこの大学の (a.進学　b.入学) 試験を受けに来る人もいる。

2 ＿＿＿に似た意味の語を「言葉」の中から選び、必要なら形を変えて、(　) に入れなさい。

(1) A：日本に来てから、初めて (　　　　　　) を始めたんです。

　　 B：一人で生活するって、最初は大変だよね。

(2) A：もうすぐ試験なので、森くんはとても頑張ってますよ。

　　 B：本当ですね。森くんはすごく (　　　　　　) してますね。

(3) A：鈴木さんは、3日間も夜、寝ないで、レポートを書いたんだって。

　　 B：3日も (　　　　　　) するのは、俺には無理だなあ。

(4) A：東京大学は受けないの？

　　 B：先生に、東京大学を (　　　　　　) しても、通るはずないって言われたんだ。

(5) A：テストを出す前に、自分の答えが正しいか、必ず (　　　　　　) をしてください。

　　 B：あのう、答えをチェックする時間がないときは、どうしたらいいでしょう。

(6) A：作文を書く (　　　　　　) をやってこなかったら、田口先生にすごく怒られたよ。

　　 B：田口先生は怖いから、自分だったら、宿題は必ず出すなあ。

3 (　) に入る語を ▢ の中から選びなさい。

(1) ① サークルの (　　　　) と飲みに行くので、私がお金を出さなければいけない。

　　 ② 林さんは、親に (　　　　) を出してもらっているので、アルバイトをしていない。

　　 ③ 大学の (　　　　) は、新しくて、部屋もきれいだった。

```
a.学費　　b.後輩　　c.寮
```

(2) ① 何回やっても、(　　　　) が合わなくて、先生と違う答えになってしまう。

　　 ② 明日、ゼミの (　　　　) があるのに、まだ、何にも準備が出来ていない。

52 ── 実力養成編　第1部　話題別に言葉を学ぼう

③ このクラスでは、出席を(　　)するために、毎回、小テストが行われる。

a.確認　　b.計算　　c.発表

(3) ① サークルの(　　)が友達との旅行と同じ日になって、困っている。
② 海外留学のための説明会に50人以上の学生が(　　)していた。
③ 水を少なくしても、お米が作れるかどうか、(　　)しているそうです。

a.合宿　　b.参加　　c.実験

4 (　)に入る適当なものを□の中から選びなさい。

(1) 今日は発表(　　)が欠席したので、ゼミはなかった。
(2) 3月5日までに合宿(　　)を払わなければならない。
(3) 明日までに、大学の授業(　　)を払わないと、卒業できなくなる。
(4) 学園(　　)に有名な歌手が来て、大変なことになった。
(5) 高校3年の山田さんは、受験(　　)なので、毎晩、5時間も勉強している。

a.祭　b.者　c.生　d.費　e.料

5 「言葉」の語を(　)に入れて、文章を作りなさい。最初の字はヒントです。

私は東西大学理工学部の3年のタワットです。タイからの(①りゅ＿＿＿)生です。今日は、大学に入ったときの話をしたいと思います。私は、4年前に日本に来て、日本語学校で大学(②じゅ＿＿)の準備をして、大学に入りました。(②)まで1年しかなかったので、勉強はとても大変で、テストの前の日にはよく(③て＿＿)をしました。大学に入る試験を受けたときには、少し答えを(④ま＿＿＿＿)みたいなんですが、そんなに大きい(⑤ミ＿)もしなかったと思うので、(⑥ご＿＿＿)できました。私の大学は、先生方が素晴らしくて、毎日、いろいろな(⑦ア＿＿＿＿)をいただきながら、勉強を続けています。私の大学は(⑧こ＿＿＿)で、(⑨し＿＿)の大学よりは(⑩が＿＿)が安いので、それもいいと思います。私は(⑪りょ＿)に住んでいますが、(⑪)の食堂の食事もとてもおいしいんですよ。

第12課　教育2：学校生活（大学）

13課 仕事1：仕事

Ⅰ．言葉を覚えよう ≫

1 就職する

1-1 ウォーミングアップ

今、どんな仕事をしていますか。将来はどんな仕事をしてみたいですか。

1-2 言葉

① □□□を**募集する** ● **スタッフ**／**社員**／**アルバイト（バイト）**	tuyển (nhân sự) nhân viên nhân viên công ty
② **履歴書を書く**	sơ yếu lý lịch
③ □□□を**受ける** ● **面接**／**入社試験**	phỏng vấn vào công ty
④ **生年月日を聞かれる**	ngày tháng năm sinh
⑤ □□□を**取る** ● **資格**／**免許**	tư cách, chứng chỉ giấy phép, bằng
⑥ 好きな**職業に就く**	nghề nghiệp làm
⑦ 日本の**企業**に□□□ ● **就職する・入る**	doanh nghiệp vào làm
⑧ 仕事を□□□ ● **辞める**／**首になる**／**失う**	bỏ, thôi bị đuổi việc mất, đánh mất
⑨ 山田さんは□□□だ ● **会社員**／**公務員**／**職人**／**モデル**／**記者**／ **パイロット**／**教師**／**医師**／**看護師**／ **弁護士**／**政治家**	công chức nghệ nhân, thợ người mẫu nhà báo phi công giáo viên bác sĩ y tá luật sư chính trị gia

1-3 やってみよう 「言葉」から太字の語を選んで、（　）に入れなさい。

(1) 私の（　　　　　　　）は、1998年8月20日です。

(2) 店がとても忙しいので、アルバイトを（　　　　　　）することにした。

(3) 車を運転するのに、（　　　　　　）証を持っていくのを忘れた。

(4) （　　　　　　）には必ず写真を貼ってください。

(5) 日本の有名な会社に（　　　　　　）したら、両親も喜ぶだろう。

54 —— 実力養成編　第1部　話題別に言葉を学ぼう

2 仕事をする

2-1 ウォーミングアップ

もしあなたが日本の会社に入ったら、毎日、会社でどんなことをすると思いますか。

2-2 言葉

① **ミーティング**をする		cuộc họp
② **資料**を**配る**		tài liệu / phát, phân phát
③ **スケジュール**を**立てる**		thời gian biểu, lịch trình
④ いい**アイデア**が**出**ない		ý kiến, ý tưởng
⑤ 部長から**指示**が出る		chỉ thị
⑥ **作業**が**進む**		công việc, công tác
⑦ **書類**を**整理**する		giấy tờ, hồ sơ / sắp xếp
⑧ **契約**を**結ぶ**		hợp đồng / ký kết
⑨ **商品**を**販売**する		sản phẩm / bán
⑩ 自転車で ___ ● **通う**／**通勤**する		đi làm (đi lại từ nhà đến nơi làm việc)
⑪ 9時に**出勤**する		đi làm
⑫ ___ に**戻る** ● **事務所**・**オフィス**／**本社**		văn phòng / trụ sở chính
⑬ **深夜**まで**残業**する		đêm khuya / làm thêm giờ
⑭ ___ 仕事 ● **きつい**／**楽**な		vất vả, cực nhọc / nhàn hạ, nhẹ nhàng
⑮ **時給**1,000円のアルバイト		lương theo giờ
⑯ ___ をもらう ● **給料**／**ボーナス**		lương / thưởng

2-3 やってみよう 「言葉」から太字の語を選んで、（　）に入れなさい。

(1) 会社までの（　　　　）時間は、1時間ぐらいだ。
(2) 冬の（　　　　）が出たら、新しいコートが買いたい。
(3) 林さんは毎月の（　　　　）から5万円も親に送っている。
(4) 子供には煙草を（　　　　）できないことになっている。
(5) 今のバイトは、（　　　　）が安いので、別のバイトを探している。

第13課　仕事1：仕事 — 55

II. 練習しよう ≫

1 正しいほうを選びなさい。

(1) 大学を卒業したのに、仕事にも (a.就職し　b.就か) ないで、遊んでいる。
(2) 部長が休みなので、今日は課長がみんなに指示を (a.出して　b.作って) いた。
(3) 林さんは、今日はアルバイトの (a.インタビュー　b.面接) を受けに行った。
(4) 大学生のころは、学校まで毎日自転車で (a.通って　b.通勤して) いた。
(5) 日本に留学するために、仕事を (a.失う　b.辞める) ことにした。

2 (　) に入る語を □ の中から選びなさい。

(1) 私は新聞社で (　　　　) をしています。事件や事故があると、出かけていって、それを調べ、文章にするのが私の仕事です。
(2) 私の妹は、雑誌の (　　　　) をしています。私より背が高くて、痩せていて、どんな服を着ても、よく似合います。有名ではありませんが、たくさんの雑誌に出ています。
(3) 私は (　　　　) です。町の小さな病院で働いています。病気の人に注射を打ったり、薬を飲ませたりするだけでなく、お風呂や食事の世話をすることも仕事です。
(4) 私の父は (　　　　) でした。お酒を飲むと、いつも「俺みたいに役所に勤めていれば、景気が悪くなっても、仕事がなくならないから、いいぞ」と言っていました。
(5) (　　　　) になるのが私の夢です。私の国には、学校に行けない子供、食べるものがなくて、困っている人が大勢います。私は自分の国を変えたいんです。
(6) 今日は日本人形を作る (　　　　) さんに会ってきました。人形の顔を描くところを見せてもらいました。5歳のころから人形を作る手伝いをしていたそうです。

医師　看護師　記者　公務員　政治家　弁護士　職人　モデル　パイロット

3 ＿＿ に似た意味の語を「言葉」の中から選び、必要なら形を変えて、(　) に入れなさい。

(1) A：病気になる前、部長は毎日、夜12時まで、会社に残って仕事をしてたんだよ。
　　B：そんなに (　　　　) してたら、誰だって病気になるよね。
(2) A：日本の会社は仕事が (　　　　) っていうけど、ホント？
　　B：ホントだよ。毎日、忙しくって、大変だよ。
(3) A：来月の25日は何か予定が入っている？

56 ── 実力養成編　第1部　話題別に言葉を学ぼう

B：ごめん。来月は、まだ、仕事の（　　　　　　）が決まってないんだ。

(4)　A：先週は土曜日も仕事をしたから、月曜日は午後から<u>会社へ行け</u>ばいいんだ。

　　B：えっ、そんなに遅く（　　　　　　）してもいいの。

(5)　A：夜1時とか2時とかの（　　　　　　）のバイトは、時給が昼間より上がるんだ。

　　B：そんな<u>夜遅く</u>にバイトするの。

4　（　）に入る語を▢の中から選びなさい。

(1)　① 私はこの会社に35年前に（　　　　）した。

　　② 野菜を切る（　　　　）をしているときに、手を切ってしまった。

　　③ アメリカの会社と（　　　　）を結んで、靴を輸入することになった。

　　┌─────────────────────────┐
　　│ a.契約　　 b.作業　　 c.入社 │
　　└─────────────────────────┘

(2)　① （　　　　）のエアコンが壊れていて、暑くて仕事ができない。

　　② 仕事ばかりしていては、いい（　　　　）も生まれてこない。

　　③ 毎週、月曜日の朝は（　　　　）をすることになっているので、遅刻できない。

　　┌───────────────────────────────┐
　　│ a.アイデア　　 b.オフィス　　 c.ミーティング │
　　└───────────────────────────────┘

5　「言葉」の語を（　）に入れて、文章を作りなさい。最初の字はヒントです。

┌──┐
│　　大学は出ましたが、（①しゅ＿＿＿＿）ができなくて困っていました。あるとき、
│あるアニメの会社が（②ス＿＿＿）を（③ぼ＿＿＿）していたので、（④り＿＿
│＿＿）を書いて、（⑤め＿＿＿）を受けに行きました。いい大学も出ていないし、運転
│（⑥め＿＿＿）ぐらいしか、（⑦し＿＿）も持っていなかったんですが、アニメが趣味
│だったので、（⑤）でアニメの話をいっぱいしたら、会社に入ることができました。でも、
│会社に入って最初の仕事は、事務所の掃除や、（⑧しょ＿＿）や（⑨し＿＿＿）を
│（⑩せ＿＿）する仕事で、すぐに会社を（⑪や＿）たくなりました。それでも、1年ぐら
│いしたら、アニメを作る（⑫さ＿＿＿）を手伝わせてもらえるようになりました。最
│初はパソコンを使って、（⑬し＿）された通りに、絵に色を付ける（⑫）をしましたが、
│そのときは「アニメを作る仕事に（⑭つ＿て）、よかった」と心から思いました。
└──┘

第13課　仕事1：仕事 —— 57

14課 仕事2：コンピューター、郵便、電話など

Ⅰ. 言葉を覚えよう ≫

1 コンピューター

1-1 ウォーミングアップ

パソコンでメールを送る方法を日本語で説明してみてください。

スイッチ

マウス

1-2 言葉

① パソコンの**スイッチ**を入れる	công tắc
② _____を**クリック**する ● **マウス／ボタン**	kích chuột chuột nút
③ **ファイル**を_____ ● 開く／**閉じる**	tập tin, file đóng
④ 次の**画面**を**表示**する	màn hình hiển thị
⑤ _____を**入力**する ● **文字／数字**	đánh máy, nhập dữ liệu chữ cái chữ số
⑥ **パスワード**を**確認**する	mật khẩu, password xác nhận
⑦ **メール**を**チェック**する	e-mail kiểm tra, check
⑧ _____を見る ● **ウェブサイト（サイト）／ホームページ**	trang web, website trang web, website trang chủ, trang Homepage
⑨ **インターネット**で調べる	mạng, internet
⑩ **サービス**を**利用**する	dịch vụ
⑪ 考えを文章に**まとめる**	tóm tắt, tổng hợp
⑫ **基本**を**マスター**する	cơ bản am hiểu, tinh thông

1-3 やってみよう ___の必要なところに「ッ」「ン」「ー」を入れてください。

（例） コン_ピュー_ター_

(1) イ_タ_ネ_ト

(2) ス_イ_チ

(3) ク_リ_ク

(4) ホ_ム_ペ_ジ

(5) サ_ビ_ス

(6) パ_ス_ワ_ド

58 ── 実力養成編 第1部 話題別に言葉を学ぼう

2 郵便、電話など

2-1 ウォーミングアップ

国の家族や友達に何か送ったことがありますか。どんな方法で何を送りましたか。

2-2 言葉

① **書類**を**郵送**する	giấy tờ, hồ sơ / gửi qua bưu điện
② **速達**で手紙を出す	chuyển phát nhanh
③ 手紙を**配達**する	chuyển phát
④ **郵便**で荷物が**届く**	bưu điện / tới nơi (hàng hóa)
⑤ 電話が ☐　● つながる／切れる	kết nối / bị ngắt, bị cắt
⑥ 友達と電話で**しゃべる**	nói chuyện, tán ngẫu
⑦ 先生と**連絡**を取る	liên lạc
⑧ **携帯電話**の**電源**を切る	điện thoại di động / nguồn điện
⑨ **マナー**を**守る**	phép lịch sự / giữ
⑩ メッセージを ☐　● 送る／残す／再生する	tin nhắn / để lại / bật
⑪ **ファックス**で送る	fax
★ ☐ を調べる　● **郵便番号**／**住所**／**送料**	mã bưu điện / phí gửi, cước vận chuyển
★ ☐ で荷物を送る　● **宅配便**／**航空便**／**船便**	giao hàng tận nơi / gửi bằng đường hàng không / gửi bằng đường biển

2-3 やってみよう 「言葉」から太字の語を選んで、（ ）に入れなさい。

(1) 今日の午後、母が送ってくれた荷物が家に（　　　　）予定だ。

(2) （　　　　）を守って、電車の中で携帯電話を使うのはやめましょう。

(3) 新聞屋さんが毎朝6時ごろに新聞を（　　　　）してくれる。

(4) ボタンを押すと、電話に残された（　　　　）が再生される。

(5) タクシーの中で電話をかけていると、電話が（　　　　）ことがある。

Ⅱ. 練習しよう ≫

1 正しいほうを選びなさい。

(1) クラスで友達に旅行のお土産を (a.配達した　b.配った)。

(2) このボタンを (a.入れる　b.押す) と、テレビがつきます。

(3) メールを (a.チェック　b.スイッチ) した。

(4) 最近、田中さんと連絡を (a.して　b.取って) いない。

(5) パソコンの電源を切る前に、ファイルを (a.閉めて　b.閉じて) ください。

2 (　)に入る語を□の中から選びなさい。

(1) ① ここにパスワードを (　　　) すると、ファイルが開きます。

② コンピューターで音楽を (　　　) して聞く。

③ 古いパソコンなので画面を (　　　) するスピードが遅い。

> a.入力　　b.表示　　c.再生

(2) ① 今日中にこの (　　　) に必要なことを書いて、送らなければならない。

② このファイルは壊れていて、開くと、変な (　　　) がいっぱい出てくる。

③ パソコンが苦手なので、(　　　) 的なところから勉強したい。

> a.文字　　b.基本　　c.書類

(3) ① 母が (　　　) メモには「5時に帰ります」と書いてあった。

② 彼は英語の次に中国語を (　　　)。

③ 言いたいことを一つに (　　　) ほうが、発表がわかりやすくなるよ。

> a.残した　　b.マスターした　　c.まとめた

3 次の説明に合う語を「言葉」から選んで、＿＿に書きなさい。

(1) あなただけしか知らない、パソコンに入力する特別な文字や数字　　＿＿＿＿＿

(2) 電話がつながるところに、紙に書いたものをそのまま送る機械　　＿＿＿＿＿

(3) 食事や運転など人が生活するときに、守らなければならないルール　　＿＿＿＿＿

(4) 動物の名前のついた、パソコンを使うときに使うもの　　＿＿＿＿＿

60 ── 実力養成編　第1部　話題別に言葉を学ぼう

4 ＿＿に似た意味の語を「言葉」の中から選び、必要なら形を変えて、（　）に入れなさい。

(1)　A：郵便で送ってもいいですか。
　　 B：はい、（　　　　　　　）でもかまいません。

(2)　A：おかしいな。電話がかからない。
　　 B：ここは地下だから、携帯電話が（　　　　　　　）にくいのかもしれないよ。

(3)　A：メールより電話で（　　　　　　　）ほうが早いこともあるよね。
　　 B：そうですね。電話で話したほうが、書くより早いですからね。

(4)　A：帰るときに、コピー機の（　　　　　　　）も切ってくださいね。
　　 B：すみません。このコピー機のスイッチはどこにあるんでしょうか。

5 正しいものには○、正しくないものには×を書きなさい。

(1)　知らない人からメールでファイルが届いたときは、開けないほうがいい。　　（　　）
(2)　電話で頼むと、配達してくれるすし屋が日本にはある。　　（　　）
(3)　キーボードを使わなければ、パソコンに文字を入力することはできない。　　（　　）
(4)　速達で手紙を出せば、日本中どこでも大体1日で手紙が届く。　　（　　）
(5)　マウスのボタンをクリックすると、ファイルを選ぶことができる。　　（　　）
(6)　パスワードと電話番号は同じにしたほうがいい。　　（　　）

6 「言葉」の語を（　）に入れて、文章を作りなさい。最初の字はヒントです。

　　私は毎朝、会社に来ると、まず、メールを（①チェ＿＿）している。今朝もパソコンの（②ス＿＿＿）を入れてメールを見てみた。すると、お客さんから今日の会議についてのメールが来ていた。（③ファ＿＿）が付いていたので、開こうとしたが、なぜか開かなかった。会議は今日の午後なので、できれば午前中に（③）に何が書いてあるのか（④か＿＿＿）したい。お客さんと早く（⑤れ＿＿＿）が取りたかったので、お客さんの会社に電話をしてみたが、留守だった。お客さんの（⑥け＿＿＿＿＿＿）にも電話をしてみたが、電話に出なかったので、留守番電話に（⑦メ＿＿＿＿）を（⑧の＿＿）ことにした。

第14課　仕事2：コンピューター、郵便、電話など

実力を試そう（11課〜14課）  /20点

1. （　）に入れるのに最もよいものを、1・2・3・4から一つえらびなさい。（1点×8）

① 大学に入ったら、テニス（　）に入りたい。
1　会　　　　2　学　　　　3　団　　　　4　部

② 最近の学生は（　）が悪い。
1　チェック　　2　レベル　　3　マナー　　4　ルール

③ 3回電話をして、やっと電話が（　）。
1　とじた　　2　とどいた　　3　つづいた　　4　つながった

④ 答えが正しいか、もう一度、（　）。
1　うしなった　　2　たしかめた　　3　のこした　　4　まちがった

⑤ 久しぶりに電話で父と（　）。
1　かよった　　2　くばった　　3　しゃべった　　4　むすんだ

⑥ （　）を見ながら、話をした。
1　確認　　2　資格　　3　資料　　4　知識

⑦ 日本語を教える先生を（　）している。
1　提出　　2　配達　　3　募集　　4　郵送

⑧ コンピューターに答えを（　）させる。
1　計算　　2　作業　　3　残業　　4　指導

2. ＿＿に意味が最も近いものを、1・2・3・4から一つえらびなさい。（1点×4）

① ミーティングは6時に始まります。
1　会議　　2　参加　　3　大会　　4　発表

② この仕事はらくだ。
1　忙しい　　2　簡単だ　　3　楽しい　　4　暇だ

③ 日本に行ったときに、日本語もまなびたい。
1　説明し　　2　使い　　3　話し　　4　勉強し

④ 新しい言葉を暗記するのは、大変だ。

1 おぼえる　　2 かく　　3 しらべる　　4 ならう

3. つぎのことばの使い方として最もよいものを、1・2・3・4から一つえらびなさい。(2点×4)

① 見直す

1 壊れたパソコンでも見直せば、まだ、使える。
2 学生が見直すように、一生懸命、勉強している。
3 曲がっていた線をまっすぐに見直した。
4 先生に出す前に、自分の書いた作文を見直した。

② 暮らす

1 夕方になって、だんだん日が暮らしてきた。
2 そのレストランでアルバイトを暮らしている。
3 毎朝、バスと電車で大学に暮らしている。
4 マンションで父と兄と一緒に暮らしている。

③ きつい

1 子供のときから日本語をきつく勉強したかった。
2 教室がきつくなってきたので、電気をつけた。
3 教室がきついので、テレビを置くところがない。
4 勉強がきつくて、学校を辞めたくなった。

④ 整理

1 会社に入る前に、髪を整理しなければならない。
2 入学式では、整理された服を着なければならない。
3 引っ越しの前に、本を整理しなければならない。
4 頭が痛いので、病院で整理してもらわなければならない。

実力を試そう (11課〜14課)

15課 社会1：事件、事故

I. 言葉を覚えよう ≫

1 事件

1-1 ウォーミングアップ

最近、あなたの国でどんな事件がありましたか。その事件のとき、どんなことが起こりましたか。

1-2 言葉

① □ **事件**が起きる ● **恐ろしい**／**重大な**	sự việc đáng sợ, kinh hoàng nghiêm trọng
② **トラブル**を起こす	chuyện rắc rối
③ **人**を □ ● **だます**／**殴る**／**撃つ**／**殺す**	lừa gạt đánh, đấm bắn giết
④ **金**を □ ● **受け取る**／**奪う**／**隠す**	nhận cướp, chiếm đoạt giấu, cất giấu
⑤ **怪しい男**がいる	lạ, đáng nghi
⑥ **様子**がおかしい	tình trạng, trạng thái
⑦ **被害**に**遭う**	thiệt hại gặp, gặp phải
⑧ **警察**が**犯人**を**逮捕**する	thủ phạm bắt giữ
⑨ **罪**を**認める**	tội lỗi thừa nhận, thú nhận

1-3 やってみよう （　）に入るものをア～エから選び、会話を作りなさい。

(1) A：どうして本当のことを言わないで、隠していたんですか。（　　　）

(2) A：なぜ彼を殺そうとしたんですか。（　　　）

(3) A：鼻から血が出てますよ。（　　　）

(4) A：何が原因で死んだんですか。（　　　）

ア．B：殴られたときに、鼻が少し切れたんだと思います。

イ．B：後ろから頭を撃たれたんです。

ウ．B：私をだまして、お金を奪ったからです。

エ．B：言ったら、逮捕されると思ったからです。

64 —— 実力養成編　第1部　話題別に言葉を学ぼう

2 事故

2-1 ウォーミングアップ

交通事故を見たことがありますか。どのような交通事故でしたか。

2-2 言葉

① 交通事故が**起こる**	xảy ra
② 車とバイクが**ぶつかる**	va chạm, đâm phải
③ 車に**ひかれる**	bị cán, bị (xe) đâm
④ 事故の原因を**調査**する	điều tra
⑤ 信号を**無視**する	đèn giao thông coi thường, phớt lờ
⑥ 歩道を歩く	vỉa hè, lề đường
⑦ 道路に飛び出す	đường, đường bộ lao ra, vụt ra
⑧ スピードを出す	tốc độ, vận tốc
⑨ ブレーキを踏む	phanh, thắng
⑩ 自転車で転ぶ	ngã, té
⑪ 足の骨を折る・足を骨折する	xương gãy xương
⑫ 車に気を付ける	chú ý, cẩn thận
⑬ 事故を防ぐ	ngăn ngừa, ngăn chặn, phòng tránh

2-3 やってみよう 「言葉」から太字の語を選んで、（　）に入れなさい。

(1) （　　　　　　）が壊れて、車が止まらなくなってしまった。

(2) もっと注意していれば、その事故を（　　　　　　）ことができただろう。

(3) その交差点では、よく事故が（　　　　　　）。

(4) （　　　　　　）が赤だったのに、車が止まらなかった。

(5) この道は車が多いので、（　　　　　　）を歩かないと、危ない。

(6) 雨の日は（　　　　　　）を出さずに、ゆっくり運転したほうがいい。

第15課　社会1：事件、事故　　65

II. 練習しよう

1 正しいほうを選びなさい。

(1) 32人もの人が亡くなるという (a.怪しい　b.恐ろしい) 事故が起こった。
(2) 自分の部屋で寝ていた女性が殺される (a.事故　b.事件) が起こった。
(3) 車がその男性に (a.ひかれる　b.ぶつかる) ところを見てしまった。
(4) 先生は私たちにとって (a.重大　b.大切) な方だ。死なないでほしい。
(5) 客の様子が (a.おかしかった　b.面白かった) ので、警察に電話をした。
(6) 隣の家も泥棒の (a.事件　b.被害) に遭ったそうだ。
(7) 万引き*は決して (a.軽い　b.低い) 罪ではない。　　*万引き　giả khách ăn trộm đồ

2 絵を見て、（　）に入る語を□の中から選びなさい。必要があれば、正しい形にしなさい。

コンビニで（①　　　　）が起こった。
（②　　　　）は二人の男だ。痩せたほうの男はコンビニからお金を（③　　　て）、逃げていった。警官が逃げる男に、ピストルを（④　　　た）が、男は止まらない。太ったほうの男は、走るのが遅くて、すぐに警官に（⑤　　　）された。店員は（②　　　）に（⑥　　　た）ようで、とても痛そうだ。

奪う　殴る　撃つ　犯人　逮捕　事件

3 ___に似た意味の語を「言葉」の中から選び、必要なら形を変えて、（　）に入れなさい。

(1) A：警察でも事故の原因を（　　　　）してるけど、よくわからないらしいよ。
　　B：事故の原因がわかるまで、よく<u>調べて</u>ほしいなあ。
(2) A：その道は電気がなくて、夜は暗いから、<u>注意して</u>、運転したほうがいいよ。
　　B：はい。（　　　　）ます。

(3) A：山田は、隣の学校の生徒と（　　　　）を起こして、怪我をさせてしまったんだ。
　　B：またですか。問題の多い学生ですね。
(4) A：警察がやっと子供を殺した犯人を捕まえたそうですよ。
　　B：悲しい事件でしたけど、犯人が（　　　　）されて、よかったですね。

4 （　）に入る語を□の中から選びなさい。

(1) ① 地下鉄で大勢の人が殺されるという（　　　　）な事件が起こった。
　　② 妹の運転は酷い。ときどき、信号を（　　　　）することがある。
　　③ 殴られて、顔の骨を（　　　　）してしまった。

　　┌─────────────────────────┐
　　│ a.骨折　　b.無視　　c.重大 │
　　└─────────────────────────┘

(2) ① その女は、大勢の男性を（　　　　）、お金を取っていたらしい。
　　② 細い道から子供が（　　　　）きて、ひいてしまいそうになった。
　　③ バイクに乗っているときに、（　　　　）しまい、入院した。

　　┌─────────────────────────────┐
　　│ a.転んで　　b.だまして　　c.飛び出して │
　　└─────────────────────────────┘

5 「言葉」の語を（　）に入れて、文章を作りなさい。最初の字はヒントです。

┌──┐
│　最近、私の友達のリカは（①よ＿＿＿）がおかしい。3か月前、リカは結婚すると言っ
│ていたのに、先月、リカの彼が自分の部屋で（②こ＿＿＿＿）という（③じ＿＿）が
│起こった。この（③）の後、リカは急に服を買ったり、旅行に出かけるようになった。そ
│して、次の彼をもう見つけたと言っている。リカが結婚すると言って、彼を（④だ＿＿
│て）、お金を1,000万円も（⑤う＿＿＿て）いたという話もほかの友達から聞いた。警
│察もリカが（⑥あ＿＿＿）と思って、リカから話を聞いているようだが、リカは、まだ、
│彼を（⑦こ＿＿＿）ことを（⑧み＿＿て）はいない。
└──┘

第15課　社会1：事件、事故　──　67

16課 社会2：政治、経済

Ⅰ. 言葉を覚えよう ≫

1 政治

1-1 ウォーミングアップ

政治に関係することで、最近どんなニュースがありましたか。

1-2 言葉

① □□□を選挙で選ぶ ● 大統領／首相／リーダー	bầu cử tổng thống thủ tướng lãnh đạo, người đứng đầu
② 国民から信頼される	nhân dân, người dân tin tưởng
③ 投票で決める	bỏ phiếu
④ 権利を守る	quyền lợi giữ, bảo vệ
⑤ □□□社会を実現する ● 平等な／公平な	thực hiện bình đẳng công bằng
⑥ マスコミから批判される	phương tiện truyền thông đại chúng phê phán, chỉ trích
⑦ 政府の責任は重い	chính phủ trách nhiệm
⑧ 市民がデモを行う	bản thử nghiệm (demo)
⑨ 隣の国と戦う	chiến đấu
⑩ ほかの国から攻撃を受ける	tấn công

1-3 やってみよう 「言葉」から太字の語を選んで、（　）に入れなさい。

(1) 子供には学校に行って、教育を受ける（　　　　　　）がある。

(2) 選挙のときに（　　　　　　）に行かない若い人が増えている。

(3) 教育を受けられない子供が大勢いるのは、政治家の（　　　　　　）だ。

(4) 男女（　　　　　　）と言われているが、政治家になるのは男のほうが多い。

(5) 戦争反対の（　　　　　　）をするために、大使館の近くに人が集まってきた。

(6) 誰を大統領に選ぶかは、（　　　　　　）が決めることだ。

68 — 実力養成編　第1部　話題別に言葉を学ぼう

2 経済

2-1 ウォーミングアップ

仕事もなく、お金もなかったら、あなたはどうやって生活していきますか。

2-2 言葉

① 景気がよくなる	tình hình kinh tế
② 物価が安定する	vật giá ổn định
③ 自動車が売れる	bán chạy
④ 定価から30%割引をする	giá niêm yết giảm giá
⑤ 価格を値下げする	giá, giá cả hạ giá, giảm giá
⑥ 損をする	lỗ, thua thiệt
⑦ 会社がつぶれる	bị sập, bị phá sản
⑧ ☐☐を払う ● 税金／電気料金	tiền thuế tiền phí, lệ phí
⑨ 食事代を節約する	tiết kiệm
⑩ 友達から借金をする	vay nợ
⑪ 銀行にお金を預ける (貯金をする)	gửi tiết kiệm tiền
⑫ ☐☐で映画が見られる ● 無料・ただ	miễn phí miễn phí, không mất tiền
⑬ ☐☐生活 ● 貧しい／豊かな	nghèo giàu có, sung túc

2-3 やってみよう 「言葉」から太字の語を選んで、（　）に入れなさい。

(1) 今日は暑いので、アイスクリームがよく（　　　　　）。

(2) 水道（　　　　　）を払うのを忘れていたら、水道を止められた。

(3) 駅の近くで、シャンプーを（　　　　　）で配っていた。

(4) 森さんは（　　　　　）家に生まれたので、中学を出ると、すぐに働き始めた。

(5) 水道代を（　　　　　）するために、1週間に1回しかお風呂には入らない。

第16課 社会2：政治、経済 —— 69

Ⅱ. 練習しよう ≫

1 正しいほうを選びなさい。

(1) (a.物価　b.景気) が悪いので、生活していくのも大変だ。

(2) その国は飛行機で隣の国を (a.攻撃した　b.戦った)。

(3) (a.政治　b.政府) の新しい計画に大勢の人が反対している。

(4) お金は、信頼できる友達に (a.貯金した　b.預けた)。

(5) 子供を一緒に連れていくと、食事代が500円 (a.割引　b.値下げ) になる。

2 ＿＿＿に似た意味の語を「言葉」の中から選び、必要なら形を変えて、（　）に入れなさい。

(1) A：新聞や雑誌に首相が悪いことをしたって書いてあったけど、本当かな？

　　B：（　　　　　　　　）が言ってることは、全部が本当じゃないと思うな。

(2) A：日本は、何でも物の値段が高いので、生活が大変です。

　　B：そうですね。日本の（　　　　　　　）は高いですね。

(3) A：林さんに借りたお金を返さなかったら、林さんが怒っちゃってさ。

　　B：林さんにいくら（　　　　　　）してるの？

(4) A：S社の新しいテレビは、画面は前と同じ大きさで、値段が安くなったんです。

　　B：新しくなって、（　　　　　　）になるのは、いいね。

(5) A：このレストランは、6時までに入ると、飲み物が1杯（　　　　　　）になるんだ。

　　B：ビールもただで、飲めるかな？

(6) A：A国とB国は、30年間も戦争をしていたんだって。

　　B：そんなに長い間、（　　　　　て）たんだ。

3 ☐の語で「無」が付くものはどれですか。「不」が付くものはどれですか。

無〜	不〜

平等　公平　安定　責任　景気　批判

70 ── 実力養成編　第1部　話題別に言葉を学ぼう

4 （　）に入る語を□の中から選びなさい。

(1)　① 若い人が自分の夢を（　　　）できる社会を作ろう。

　　② 嘘ばかり言う政治家を（　　　）しろと言われても、無理だ。

　　③ 今度の（　　　）で負けたら、首相を辞めなければならないだろう。

　　　┌─────────────────────────┐
　　　│ a.実現　　b.信頼　　c.選挙 │
　　　└─────────────────────────┘

(2)　① 毎月、旅行に行っていたら、（　　　）がなくなってしまった。

　　② 今日、その店に行けば、（　　　）の半分の値段で、カレーが食べられる。

　　③ 政府が（　　　）を使って建てた建物なので、すごく立派だ。

　　　┌─────────────────────────┐
　　　│ a.税金　　b.貯金　　c.定価 │
　　　└─────────────────────────┘

5 (1)から(6)を時間の古いほうから新しいほうへ並べなさい。

（　3　）→（　　　）→（　　　）→（　　　）→（　　　）→（　　　）

(1)　会社がつぶれる。　　　　　　　(2)　商品が売れなくなる。

(3)　景気が悪くなる。　　　　　　　(4)　会社が借金を返せなくなる。

(5)　値下げして、損が出る。　　　　(6)　商品の価格を値下げする。

6 「言葉」の語を（　）に入れて、文章を作りなさい。最初の字はヒントです。

┌──┐
│　　来月、行われます（①せ＿＿＿）に出ることになりました、鈴木ひろゆきと申します。どうぞよろしくお願いいたします。私は、この（①）で次の五つのお約束を皆様にいたします。一つ、（②ぜ＿＿＿）を今までの半分にします。二つ、電気やガスの（③り＿＿＿＿）を（④む＿＿＿）にします。三つ、お金のある方にも（⑤ま＿＿＿）方にも（⑥こ＿＿＿）に（②）を払っていただけるように、法律を変えます。四つ、働く女性の（⑦け＿＿）を（⑧ま＿＿）ための新しい法律を作ります。五つ、日本人と外国人が（⑨び＿＿＿＿）に暮らすことのできる社会を（⑩じ＿＿＿）します。私は、皆様とのお約束を必ず（⑧）政治家です。どうぞ鈴木ひろゆきにご（⑪と＿＿＿＿）、よろしくお願いいたします。│
└──┘

第16課　社会2：政治、経済 —— 71

17課 社会3：行事、宗教

Ⅰ．言葉を覚えよう ≫

1 行事

1-1 ウォーミングアップ

新しい年が始まるとき、あなたの国では何をしますか。

1-2 言葉

① □□□□に**参加**する ● **行事**／イベント	tham gia, tham dự lễ hội, sự kiện, ngày lễ (Được quy định và tổ chức định kỳ, chẳng hạn như "年中行事".) sự kiện (Được dùng cho những sự việc diễn ra một lần và với nghĩa rộng hơn "行事".)
② □□□□を**祝う** ● **誕生**／**成人**	mừng, chúc mừng ra đời trưởng thành, người trưởng thành
③ 家族と□□□□を**過ごす** ● **クリスマス**／**年末年始**	trải qua giáng sinh giao thừa
④ **伝統**のある**祭り**	truyền thống
⑤ 部屋に**飾り**を**付ける**	trang trí
⑥ □□□□の**シーズン**になる ● **卒業式**／**運動会**	mùa lễ ~ hội ~, ngày hội ~, buổi ~
⑦ **拍手**をする	vỗ tay
⑧ □□□□を**贈る** ● **お祝い**／**記念品**	gửi, tặng lời chúc quà lưu niệm

1-3 やってみよう 「言葉」から太字の語を選んで、（　）に入れなさい。

(1) 入学の（　　　　　　）にパソコンをもらった。

(2) 今年は冬休みが長いので、（　　　　　　）はゆっくり過ごすことができそうだ。

(3) 私の息子の誕生を（　　　　　　）ために、友達が大勢来てくれた。

(4) 今年はおばあちゃんの誕生日にお花を（　　　　　　）ことにした。

(5) 日本では、二十歳になると、（　　　　　　）式をする。

(6) お正月になっても、クリスマスの（　　　　　　）がまだ付けたままになっていた。

72 —— 実力養成編　第1部　話題別に言葉を学ぼう

2 宗教

2-1 ウォーミングアップ
教会やお寺や神社であなたは何かをお願いしたことがありますか。

2-2 言葉

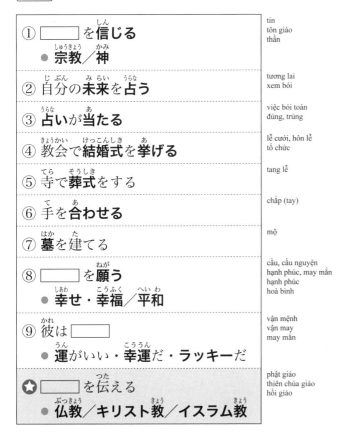

① ☐を信じる
● 宗教／神
tin
tôn giáo
thần

② 自分の未来を占う
tương lai
xem bói

③ 占いが当たる
việc bói toán
đúng, trúng

④ 教会で結婚式を挙げる
lễ cưới, hôn lễ
tổ chức

⑤ 寺で葬式をする
tang lễ

⑥ 手を合わせる
chắp (tay)

⑦ 墓を建てる
mộ

⑧ ☐を願う
● 幸せ・幸福／平和
cầu, cầu nguyện
hạnh phúc, may mắn
hạnh phúc
hoà bình

⑨ 彼は☐
● 運がいい・幸運だ・ラッキーだ
vận mệnh
vận may
may mắn

★ ☐を伝える
● 仏教／キリスト教／イスラム教
phật giáo
thiên chúa giáo
hồi giáo

2-3 やってみよう 「言葉」から太字の語を選んで、（　）に入れなさい。

(1) 占いが本当に（　　　　）とは思わなかった。
(2) 山口さんがあの大学に入れたのは、（　　　　）がよかったからだと思う。
(3) 世界から戦争がなくなって、（　　　　）になるように、と祈った。
(4) 彼女とは別れてしまったが、彼女の幸せを（　　　　）気持ちに嘘はない。
(5) 日本人は、神社やお寺に行く人でも、（　　　　）は信じていないという人がいる。
(6) 私が死んだら、お（　　　　）は海の見えるところに建ててほしい。

II. 練習しよう ≫

1 正しいほうを選びなさい。

(1) 先週の日曜日に (a.結婚式　b.運動会) を挙げた。

(2) 卒業式でスピーチをした山田さんにみんなが拍手を (a.あげた　b.送った)。

(3) 毎朝、学校に行く前に神社に寄っていくのが、私の (a.習慣　b.伝統) だった。

(4) お花見の時期を (a.過ぎる　b.過ごす) と、暖かくなる。

2 ＿＿に似た意味の語を「言葉」の中から選び、必要なら形を変えて、(　　) に入れなさい。

(1) A：酷い事故だったのに、怪我をしなかったのは、幸運だったね。

　　 B：ホント、(　　　　　　　) だったよ。

(2) A：マラソン大会に出る人は8時に学校に集まらなきゃいけないんだよ。

　　 B：それなら、(　　　　　　　) するのをやめようかな。

(3) A：お父さんの誕生日に何をプレゼントすることにしたの？

　　 B：時計を (　　　　　　　) ことにしたんだ。

(4) A：結婚したばかりのころは、川口さん、とても幸せそうにしてたんだけど。

　　 B：(　　　　　　　) はそんなに長くは続かないんだよ。

(5) A：占いによると、僕は将来、会社の社長になるんだって。

　　 B：占いで (　　　　　　　) のことがわかるはずがないと思うよ。

(6) A：神様の前では手を (　　　　　　　) って書いてあるけど、どういうこと？

　　 B：こんなふうに、二つの手を開いて、手と手を一緒にするっていうことだよ。

3 ＿＿の語で「会」が付くものはどれですか。「式」が付くものはどれですか。

〜会	〜式

運動　結婚　研究　成人　卒業　誕生　入学　発表　勉強

74 —— 実力養成編　第1部　話題別に言葉を学ぼう

4 （　）に入る語を□の中から選びなさい。

(1) ① 夏休みはお祭りを見に行ったり、花火大会に行ったりして、（　　　）いた。

② 家族みんなで私の卒業を（　　　）くれた。

③ 私がいつ結婚できるか、（　　　）もらった。

a.占って　　b.過ごして　　c.祝って

(2) ① 夏休みには子供のための（　　　）がいろいろなところで行われる。

② 高校卒業のときの（　　　）は時計だった。

③ （　　　）を守って、祭りを続けていくのは大変だ。

a.伝統　　b.記念品　　c.イベント

5 正しいものには○、正しくないものには×を書きなさい。

(1) クリスマスは仏教の行事だ。　　　　　　　　　　　　　　　　　（　　　）

(2) 日本にも教会で結婚式を挙げる人がいる。　　　　　　　　　　　（　　　）

(3) お葬式のときはお祝いを渡す。　　　　　　　　　　　　　　　　（　　　）

(4) 日本では、普通、仏教を信じている人は、神社へは行かない。　　（　　　）

(5) 日本では、死んだ人の体を焼いて、骨だけをお墓の下に入れることが多い。（　　　）

(6) 日本では、3月は卒業式のシーズンだ。　　　　　　　　　　　　（　　　）

6 「言葉」の語を（　）に入れて、文章を作りなさい。最初の字はヒントです。

　　日本人が何の（①しゅ＿＿＿＿＿）を（②し＿＿て）いるのか、私には全然わかりません。日本人の友達に教えてもらったのですが、子供が生まれたときには、日本では神社に行って、子供の（③た＿＿＿＿＿）を（④い＿＿）人が多いと聞きました。結婚をするときには、教会で（⑤けっ＿＿＿＿＿）を（⑥あ＿＿）人もいるそうですし、（⑦ク＿＿＿＿＿）になると、ケーキを家族で食べたりするみたいですね。人が死んだときは、お寺でお（⑧そ＿＿＿＿）をする人が多いとも聞きました。死んだ後、入るお（⑨は＿）もお寺にあることが多いんですよね。それに、日本人は、（⑩う＿＿＿＿）も好きみたいですよね。よく雑誌の後ろのほうのページに、誕生日や名前で（⑪う＿＿＿）（⑩）が出ていますよね。日本人が何を一番（②）いるのか、私は本当にわかりません。

第17課　社会3：行事、宗教 —— 75

18課 自然1：季節と天気、地理

Ⅰ. 言葉を覚えよう ≫

1 季節と天気

1-1 ウォーミングアップ

今日の天気はどうですか。雨は降りそうですか。寒いですか。暑いですか。

1-2 言葉

① 気温が30度を超える	nhiệt độ vượt quá
② 80パーセントの確率で雨が降る	~ phần trăm (%) xác suất
③ 嵐が近付く	bão, dông tố đến gần
④ 雷が鳴る	sấm
⑤ 雨が激しく降る	dữ dội, mạnh
⑥ 虹が出る	cầu vồng
⑦ 湿度が高い	độ ẩm
⑧ 空気が乾燥する	khô, hanh
⑨ 夜が明ける	rạng sáng, kết thúc
⑩ 太陽がまぶしい	mặt trời chói, chói chang
⑪ 日が沈む	chìm xuống, lặn
⑫ 四季がある	bốn mùa
⑬ ⬚季節になる　● 爽やかな／蒸し暑い	dễ chịu, sảng khoái oi bức
⑭ 梅雨に入る	mùa mưa

1-3 やってみよう 「言葉」から太字の語を選んで、（　）に入れなさい。

(1) いい天気なので、今日はサングラスがないと、（　　　　　　）。

(2) 雨の後、山と山の間にきれいに（　　　　　）がかかった。

(3) 今日は暑くなって、気温も30度を（　　　　　）そうだ。

(4) 日本には、春と夏と秋と冬があって、（　　　　　）がはっきりしている。

(5) 天気予報で、今日、雨が降る確率は、20（　　　　　）だと言っていた。

76 ── 実力養成編　第1部　話題別に言葉を学ぼう

2 地理

2-1 ウォーミングアップ

あなたが生まれたところはどんなところですか。田舎ですか。海や山がありますか。

2-2 言葉

① **大陸**から鳥が渡ってくる	đại lục
② **砂漠**が**広がる**	sa mạc được mở rộng, trải rộng
③ **火山**が**爆発**する	núi lửa phun trào, phát nổ
④ 川が □□□ ● **流れる**／**あふれる**	chảy, trôi đầy tràn, ngập
⑤ **滝**を**眺める**	thác nước ngắm nhìn
⑥ **湖**に**浮かぶ島**	hồ nước lơ lửng, trôi nổi
⑦ **農業**が**盛**んな**地域**	nông nghiệp khu vực
⑧ □□□ に**住む** ● **都会**／**地方・田舎**	thành thị địa phương
⑨ **故郷**を**離れる**	quê hương rời xa, cách xa
⑩ **ふるさと**が**懐かしい**	quê hương nhớ, hoài niệm

2-3 やってみよう 「言葉」から太字の語を選んで、（　）に入れなさい。

(1) その（　　　　　　）は、深さが200メートルあるという。

(2) このまま雨が降り続けると、川の水が（　　　　　）かもしれない。

(3) 最近は、（　　　　　）よりも田舎に住みたいという人もいる。

(4) 日本は、（　　　　　）が多い国なので、温泉も多い。

(5) コロンブスが見つける前から、アメリカ（　　　　　）には人が住んでいた。

(6) 私の町は、（　　　　　）が盛んで、野菜や果物がとてもおいしいところだ。

第18課　自然1：季節と天気、地理 —— 77

II. 練習しよう ≫

1 正しいほうを選びなさい。

(1) 空にアイスクリームのような雲が (a.眺めて　b.浮かんで) いる。

(2) 梅雨が (a.明けて　b.近付いて)、やっと夏が来た。

(3) 雷が (a.爆発して　b.落ちて)、家が火事になった。

(4) 雪が (a.激しく　b.まぶしく) 降っているので、外に出ると、危険だ。

(5) 嵐が (a.止まる　b.止む) まで、家の中にいることにした。

2 ＿＿＿に似た意味の語を「言葉」の中から選び、必要なら形を変えて、（　）に入れなさい。

(1) A：空気が (　　　　　) してるから、火事には注意しないとね。

　　B：空気が乾いてるときは、火事が起こりやすいからね。

(2) A：いやあ、今日は、湿度が高くて、暑いですね。

　　B：今日は (　　　　　) ですね。

(3) A：台風が東京の近くまで来ているらしいよ。

　　B：台風が (　　　　　) てるから、こんなに雨と風が強いんだね。

(4) A：大学に入ったときに、故郷を出てから、一度も帰ったことがないんです。

　　B：そうなんですか。(　　　　　) に帰ってみたいですか。

(5) A：(　　　　　) が海に沈むところはとてもきれいだったよ。

　　B：日が沈むところを見たんだね。

(6) A：昨日までは暑かったけど、今日は風も涼しくて、気持ちいいね。

　　B：ホント、今日は風が (　　　　　) だね。

3 （　）に入る語を□□の中から選びなさい。

(1) ① その島は火山が (　　　　) して、出来た島だ。

　　② 水がなければ、(　　　　) で生きていくことはできない。

　　③ 今日は空に雲が全然ないから、雨が降る (　　　　) は低いと思う。

> a.確率　　b.爆発　　c.砂漠

78 ── 実力養成編　第1部　話題別に言葉を学ぼう

(2) ① 山の下には大きな森が (　　　　) いた。

② 電車に乗って、窓から外の景色を (　　　　　　) いた。

③ 東京と大阪は400キロ以上 (　　　　) いる。

> a.眺めて　　b.離れて　　c.広がって

4 (　)に一番合うものをaからdの中から選びなさい。

(1)　① 川が (　　)　　　a.来る　　　(2)　① 気温が (　　)　　　a.沈む

　　② 雪が (　　)　　　b.晴れる　　　　② 滝が (　　)　　　b.吹く

　　③ 空が (　　)　　　c.降る　　　　　③ 風が (　　)　　　c.下がる

　　④ 台風が (　　)　　d.流れる　　　　④ 太陽が (　　)　　d.落ちる

(3)　① 雷が (　　)　　　a.明ける

　　② 湖が (　　)　　　b.あふれる

　　③ 虹が (　　)　　　c.出る

　　④ 夜が (　　)　　　d.鳴る

5「言葉」の語を (　)に入れて、文章を作りなさい。最初の字はヒントです。

> 　私の (①こ＿＿＿＿) は静岡県の浜松というところです。浜松の周りは、工業がとて
> も盛んな (②ち＿＿) で、スズキやヤマハといった有名な会社があって、工場がたく
> さんあります。(③ち＿＿) の町ですけど、静岡県では一番大きい町で、私は、結構、
> (④と＿＿) だと思っています。そんな浜松には、浜名湖という (⑤み＿＿＿) もあ
> ります。ウナギというおいしい魚が取れることで有名です。私も子供のころはよくウナ
> ギを食べましたが、浜松を (⑥は＿＿て) からは、あまり食べていないので、たまにウ
> ナギを食べると (⑦な＿＿＿＿) 気分になります。浜名湖には大きな橋があって、湖
> に (⑧う＿＿) 島に渡ることができます。島にはホテルがあって、湖に日が (⑨し＿
> ＿) ところを (⑩な＿＿) ながら、晩御飯を食べられるんですよ。

第18課　自然1：季節と天気、地理 —— 79

| 19課 | 自然2：植物、動物など |

Ｉ．言葉を覚えよう ≫

1 植物

1-1 ウォーミングアップ

花を育てたことがありますか。どうやって、育てましたか。花はどうなりましたか。

1-2 言葉

① 植物が育つ	thực vật, cây, cây cối lớn lên
② 木から種が落ちる	hạt
③ トマトを植える	trồng
④ 芽が出る	mầm
⑤ 枝が伸びる	vươn dài ra
⑥ 日が当たる	chiếu vào, bị trúng
⑦ 栄養を与える	dinh dưỡng cho, cung cấp
⑧ 成長が早い	lớn, tăng trưởng
⑨ 桜の花が [ ]　● 咲く／散る	héo tàn
⑩ [ ] が出来る　● 果物・果実	quả
⑪ ブドウを採る	hái
⑫ 新鮮な野菜	tươi
⑬ 種類が豊富だ	loại, chủng loại phong phú, giàu

1-3 やってみよう 「言葉」から太字の語を選んで、（ ）に入れなさい。

(1) ここは日がよく（　　　　　）ので、花もたくさん咲いている。

(2) 朝、採ったばかりのトマトなので、とても（　　　　　）だ。

(3) ワインはブドウの（　　　　　）から作られる。

(4) 桜の花は、咲いているときよりも、（　　　　　）ときのほうがきれいだと思う。

(5) 水をあげて、二日ぐらいしたら、土の中から可愛い（　　　　　）が出てきた。

80 —— 実力養成編　第1部　話題別に言葉を学ぼう

2 動物など

2-1 ウォーミングアップ

あなたはどんな動物が好きですか。ペットがいますか。

2-2 言葉

① □□□を飼う ● 生き物／ペット	nuôi sinh vật, con vật
② 1匹の猿	con khỉ
③ 2羽の鶏	~ con (đơn vị đếm chim muông) con gà
④ 3頭の牛	~ con (đơn vị đếm những con vật to) con bò
⑤ えさをやる	mồi, thức ăn động vật
⑥ 虫を観察する	theo dõi, quan sát
⑦ 岩の下に隠れる	ẩn nấp, núp
⑧ 魚を逃がす	thả ra
⑨ 蚊が刺す	con muỗi đốt, châm, chích
⑩ 自然を□□□ ● 壊す／守る	tự nhiên, thiên nhiên giữ gìn, bảo vệ
⑪ 貴重な植物	quý, quý hiếm thực vật, cây, cây cối
⑫ 数が減る	số giảm xuống
⑬ 動物を捕ることを禁止する	bắt cấm

2-3 やってみよう 「言葉」から語を選んで、（ ）に入れなさい。

(1)

3（匹）の（　　　）

(2)

2（　　　）の（　　　）

(3)

1（　　　）の（　　　）

(4)

1（　　　）の（　　　）

(5)

2（　　　）の（　　　）

(6)

3（　　　）の（　　　）

第19課　自然2：植物、動物など ── 81

II. 練習しよう ≫

1 正しいほうを選びなさい。

(1) 小学生の息子は (a.生き物　b.植物) を飼うのが好きだ。

(2) 野菜が (a.育つ　b.育てる) には、太陽と水と栄養が必要だ。

(3) 魚を釣っても、池に全部 (a.逃がす　b.逃げる) ことにしている。

(4) 蚊に血を (a.刺された　b.吸われた)。

(5) 今年は、寒い日が多いので、野菜の成長が (a.遅い　b.低い)。

(6) 落ちている葉の裏に虫が (a.守って　b.隠れて) いることがよくある。

2 ＿＿＿に似た意味の語を「言葉」の中から選び、必要なら形を変えて、（　）に入れなさい。

(1) A：枝が（　　　　　　）過ぎて、隣の家の庭に入っちゃってるね。

　　 B：長くなり過ぎだから、切らないといけないね。

(2) A：その鳥は、日本では数が（　　　　　　）いて、ほとんど見られないそうですよ。

　　 B：そんなに数が少なくなってるんですか。

(3) A：この虫は珍しい虫なので、①捕まえることは（②　　　　　）されています。

　　 B：（①　　　　　　）ては②いけないんですね。

(4) A：この果物はビタミンCが（　　　　　）で、体にいいんですよ。

　　 B：ビタミンCがたくさん入っているのはいいですね。

3 （　）に入る語を□□□の中から選びなさい。

(1) ①（　　　）が足りないと、動物も植物も大きくなれない。

　　 ② 5年間、この森の動物や植物の（　　　）を続けている。

　　 ③ この山では、いろいろな（　　　）の花が見られる。

> a.栄養　　b.種類　　c.観察

(2) ① この鳥は、世界でも、この島にしかいない（　　　）な鳥です。

　　 ② この島の（　　　）を守るために、何ができるか、考えよう。

　　 ③ 動物に（　　　）を与え過ぎるのは、よくない。

> a.えさ　　b.自然　　c.貴重

4 下のお話は、日本の昔話「さるかに合戦」です。（　）の中から語を選んで、○を付けなさい。

むかしむかし、あるところに猿とカニ*¹がいました。ある日、猿とカニが遊んでいるとき、カニがおにぎりを拾い、猿が柿*²の（①子　種　芽）を拾いました。猿はおにぎりが欲しくなったので、「おにぎりは食べたらなくなってしまうけど、柿の（①）を（②隠せば　植えれば　守れば）、いっぱい柿を（③飼える　刺せる　採れる）よ。」と言いました。そして、カニに（①）を渡し、猿はおにぎりを食べてしまいました。

カニは庭で一生懸命、柿を（④育てた　育った　成長した）ので、すぐに芽が（⑤落ちて　咲いて　出て）、どんどん（⑥伸びて　散って　出来て）、大きな木になりました。そして、おいしそうな柿がたくさん出来ました。

しかし、カニは木に登れません。カニは猿に言いました。

「木に登って、柿を（⑦散って　やって　採って）くれませんか。」猿は、木に登りましたが、自分が柿を食べるだけで（⑦）くれません。カニは「自分ばかり食べてないで、私にもください。」と言いました。すると、猿は青くて固い柿を投げました。カニは猿の投げた柿に（⑧与えて　捕まえて　当たって）、死んでしまいました。

カニが死んでしまったので、カニの子供たちは泣きました。それを見ていたカニの友達の栗*³とハチ*⁴と臼*⁵は、一緒に猿を殺す（⑨予定　約束　計画）を立てました。

ある日、カニの子は猿を家に呼びました。猿がカニの子の家に入ると、火の中から熱く焼けた栗が出てきて、猿の顔に（⑩伸び　隠れ　当たり）ました。「熱いっ！」と猿は言って、水で（⑪洗おう　冷やそう　直そう）としました。そこへハチが飛んできて、猿の目の上を（⑫殴り　刺し　だまし）ました。「うわぁ、助けてくれ！」と言って、猿は逃げようとしました。そのとき、屋根から大きな臼が落ちてきて、猿の頭に（⑬殴り　散り　当たり）ました。倒れた猿のところに、カニの子が走ってきて、猿の首をハサミで切ってしまいました。

*¹ カニ　Con cua　*² 柿　Quả hồng　*³ 栗　Hạt dẻ　*⁴ ハチ　Con ong　*⁵ 臼　cối, cối giã

実力を試そう（15課〜19課） /20点

1. （　）に入れるのに最もよいものを、1・2・3・4から一つえらびなさい。（1点×8）

① 窓の外では風が（　）吹いている。
　1　くるしく　　2　せまく　　3　はげしく　　4　まぶしく

② この果物は（　）も一緒に食べられます。
　1　種　　　　2　肉　　　　3　芽　　　　4　骨

③ 学校の先生が学生からプレゼントやお金を（　）はいけないと思う。
　1　受け入れて　2　受け付けて　3　受け取って　4　引き受けて

④ 店員に（　）、高いものを買わされた。
　1　かくされて　2　だまされて　3　ふせがれて　4　まもられて

⑤ 勤めていた会社が（　）しまった。
　1　ころんで　　2　しずんで　　3　ちって　　4　つぶれて

⑥ 外国人だから、学校に入学できないというのは（　）ではない。
　1　貴重　　　　2　平和　　　　3　平等　　　　4　豊富

⑦ もっと安い電話会社に変えれば、電話代が（　）できる。
　1　禁止　　　　2　実現　　　　3　借金　　　　4　節約

⑧ （　）が足りなくて、花が咲かなかったようだ。
　1　栄養　　　　2　食事　　　　3　用事　　　　4　植物

2. ＿＿に意味が最も近いものを、1・2・3・4から一つえらびなさい。（1点×4）

① 彼女はまずしい家に生まれた。
　1　お金がない　2　兄弟が多い　3　庭が広い　4　両親が優しい

② このレストランはコーヒーは無料です。
　1　味がない　2　お金が要らない　3　砂糖が入っていない　4　飲めない

③ 動物にえさをあげないでください。
　1　生きているもの　2　大切なもの　3　食べ物　　4　飲み物

84　── 実力養成編　第1部　話題別に言葉を学ぼう

4 うちの犬は1年間で大分成長した。
　1　大きくなった　2　きれいになった　3　強くなった　4　長くなった

3．つぎのことばの使い方として最もよいものを、1・2・3・4から一つえらびなさい。(2点×4)

1 懐かしい
　1　風邪で、熱が出てしまって、懐かしかった。
　2　小学校のときの友達に会えて、懐かしかった。
　3　鞄がとても重くて、手が懐かしかった。
　4　たくさん走ったので、体が懐かしかった。

2 ふるさと
　1　もう10年もふるさとに帰っていない。
　2　この料理にはふるさとをたくさん使う。
　3　友達の家にふるさとを持っていった。
　4　日本のふるさとに入るのはとても難しい。

3 イベント
　1　地震で大きなイベントが起こった。
　2　試合を見るために、イベントを払った。
　3　毎日したことをイベントに書いている。
　4　予定されていたイベントが中止になった。

4 地方
　1　店はお客さんでいっぱいで、座る地方がなかった。
　2　この作文には文法が正しくない地方がある。
　3　最近、地方で働きたいという人が増えている。
　4　この部屋は、窓の地方が南なので、明るい。

20課 数と量

Ⅰ. 言葉を覚えよう ≫

1 数と量(1)

1-1 言葉

① **数/量**を ☐ ● **増やす・増す/減らす**	số, số lượng lượng tăng tăng giảm
② **数/量**が ☐ ● **増す・増える/減る**	số, số lượng lượng tăng lên giảm xuống
③ **値段**が**3倍**になる	~ lần (gấp bao nhiêu lần)
④ **食べ物**が ☐ ● **余る/不足する**	thừa thiếu, không đủ
⑤ **数**に**余裕**がない	số, số lượng dư dả, dư thừa
⑥ ☐ を**数える** ● **人数/個数/回数/台数**	đếm số người số cái (dùng cho đồ vật nhỏ) số lần số cái (dùng cho máy móc, xe cộ)
⑦ ☐ を**測る** ● **距離/面積/時間**	đo đạc khoảng cách diện tích
⑧ **重さ**を**量る**	cân
⑨ **記録**を**取る**	bản ghi chép, ghi chép

1-2 やってみよう 「言葉」から太字の語を選んで、（　）に入れなさい。

(1) 忙しくて、時間に（　　　　　）がない。

(2) ダイエットをするので、ご飯の量を（　　　　　）ことにした。

(3) 円が高くなったので、日本へ旅行に来る人の数が（　　　　　）かもしれない。

(4) 皆さんには簡単なテストなので、たぶん時間が（　　　　　）でしょう。

(5) 今年は、みかんが高くて、値段がいつもの年の2（　　　　　）になっている。

(6) 飛行機に乗る前には、必ず荷物の重さを（　　　　　）。

86 ── 実力養成編　第1部　話題別に言葉を学ぼう

2 数と量(2)

2-1 言葉

① ☐の水を飲む ● **大量／少量**	số lượng lớn số lượng nhỏ
② ☐の人が反対している ● **多数／少数**	đa số thiểu số
③ 気温が☐になる ● **マイナス／プラス**	nhiệt độ âm, dưới 0 độ trên 0 độ, thêm
④ **レベル**が上がる	trình độ, cấp độ
⑤ ☐の**サイズ**のテレビ ● **最大／最小**	kích cỡ, kích thước lớn nhất nhỏ nhất
⑥ ☐の**温度** ● **最高／最低／平均**	nhiệt độ cao nhất thấp nhất trung bình
⑦ 砂糖を☐入れる ● **たっぷり／少々**	đầy, đầy ắp một chút, một ít
⑧ 塩を**加える**	thêm, cho thêm
⑨ ☐を集める ● **すべて／全員**	toàn bộ, tất cả tất cả mọi người
⑩ **合計**を出す	tổng số
⑪ **計算**を間違える	tính toán

2-2 やってみよう 「言葉」から太字の語を選んで、（　）に入れなさい。

(1) 昨日はとても寒くて、気温も今年（　　　　　）だった。

(2) この靴は（　　　　　）が小さくて、足が入らない。

(3) この前の地震は、この20年で、（　　　　　）の地震だったそうだ。

(4) ラーメンが600円、ギョウザが450円なので、（　　　　　）で1,050円だ。

(5) このスープは、牛乳をもう少し（　　　　　）と、おいしくなると思う。

(6) 答えを（　　　　　）間違えてしまったので、テストは0点だった。

第20課　数と量 —— 87

II. 練習しよう

1 正しいほうを選びなさい。

(1) パーティーに来ていた人の数を (a.測った　b.数えた)。
(2) 箱に入っているリンゴの (a.回数　b.個数) はいくつですか。
(3) フライパンに水を (a.少量　b.少数) 入れる。
(4) このカメラは、今売られているものの中では (a.最小　b.少量) のサイズだ。
(5) よく勉強しているので、金さんの日本語のレベルは大分 (a.増えた　b.上がった)。

2 図1を見て、文の内容が正しいものには○、正しくないものには×を書きなさい。

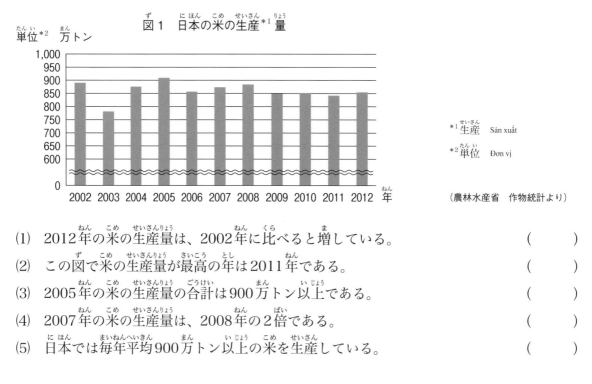

(1) 2012年の米の生産量は、2002年に比べると増している。　　　（　　）
(2) この図で米の生産量が最高の年は2011年である。　　　　　　（　　）
(3) 2005年の米の生産量の合計は900万トン以上である。　　　　（　　）
(4) 2007年の米の生産量は、2008年の2倍である。　　　　　　　（　　）
(5) 日本では毎年平均900万トン以上の米を生産している。　　　（　　）

3 ＿＿に似た意味の語を「言葉」の中から選び、必要なら形を変えて、（　）に入れなさい。

(1) A：日本の広さはどのぐらいですか。
　　B：日本の（　　　　　）は大体38万平方キロメートル(km^2) ぐらいです。
(2) A：日本の田舎では、お医者さんが足りなくて、困っているらしいよ。
　　B：日本でも、田舎ではお医者さんが（　　　　　）んだね。
(3) A：この店も忙しくなってきたから、アルバイトをもっと多くしたほうがいいかな。
　　B：今より（　　　　　）たほうがいいと思いますけど、給料が払えないですよ。

実力養成編　第1部　話題別に言葉を学ぼう

(4) A：明日は、とても寒いので、東京でも気温が0度以下になるらしいよ。
　　B：東京で気温が(　　　　　)になるのは、よくあることですか？
(5) A：作文のクラスの学生は、今日は、みんな来てましたよ。
　　B：(　　　　　)、出席ですか。珍しいですね。

4 (　)に入る語を□の中から選びなさい。
(1) ① 母は野菜の(　　　　)入ったスープをときどき作ってくれる。
　　② 首から(　　　　)の血が出たために、死んでしまった。
　　③ この学校の学生の数は347人で、去年より25人(　　　　)だった。

> a.大量　　b.たっぷり　　c.プラス

(2) ① 私のテストの点は、クラスの(　　　　)より10点低かった。
　　② 先生は1960年に生まれたと言ってたから、(　　　　)すると、55歳以上だ。
　　③ このノートに学生のテストの点を(　　　　)している。

> a.記録　　b.計算　　c.平均

5「言葉」の語を(　)に入れて、文章を作りなさい。最初の字はヒントです。

> 日本のカレールーを使った、おいしいカレーライスの作り方(4人分)
> 材料：肉(200グラム)、たまねぎ(2個)、じゃがいも(1個)、にんじん(1本)
> 　　　カレールー(1箱)、サラダ油、しょう油、お酒(①しょ_____)
> 作り方：(1)肉と野菜を食べやすい(②サ___)に切る。(2)鍋にサラダ油を入れ、肉
> 　　　と野菜を炒める。(3)肉と野菜の色が変わったら、水800ccを(③く___て)、
> 　　　火を強くする。(4)途中で火を弱くして、しょう油とお酒を(③)、25分ぐらい
> 　　　煮る。(5)火を止めて、カレールーを入れて、もう5分ぐらい煮る。
> 注意：(1)辛いものが苦手な人はカレールーの量を少し(④へ___)。(2)これは4人分
> 　　　の材料だが、(⑤に_____)が増えたときには、材料も(⑥ふ___)。(3)しょ
> 　　　う油、お酒のほかに、はちみつ、ヨーグルトなどを(⑦プ___)してもいい。
> 　　　(4)カレーが(⑧あ_____)ときは、冷蔵庫に入れれば、3日間ぐらいは食べられる。

第20課　数と量 ── 89

21課 時間

I. 言葉を覚えよう ≫

1 時間(1)

1-1 言葉

① 時間が**経つ**	trôi qua
② 予定の**時刻**を過ぎる	thời khắc, thời gian
③ 花の咲く**時期**になる	thời điểm, thời kì
④ 休みの**期間**が長い	thời hạn, thời gian
⑤ ビザの**期限**が切れる	thời hạn, kì hạn hết hạn
⑥ ☐☐の入院 ● **短期／長期**	ngắn hạn dài hạn
⑦ ☐☐のアルバイト ● **日中／夜間**	ban ngày ban đêm, ban tối
⑧ 会議の☐☐を**決める** ● **日時／日程**	ngày giờ lịch trình
⑨ **年間**の計画	trong năm
⑩ 試合を**延期**する	trì hoãn
⑪ 時計を**合わせる**	chỉnh lại, điều chỉnh
⑫ **日付**が変わる	ngày tháng
⑬ ☐☐を8時に**セット**する ● **アラーム／目覚まし時計（目覚まし）**	cài đặt chuông báo thức đồng hồ báo thức báo thức

1-2 やってみよう 「言葉」から太字の語を選んで、（ ）に入れなさい。

(1) 今日が何日か忘れたので、新聞を見て、今日の（　　　　　）を調べた。

(2) 雨のために運動会が（　　　　　）になった。

(3) うちの子はもう5歳になった。時間が（　　　　　）のは早い。

(4) このクレジットカードは（　　　　　）が切れているので、使えない。

(5) （　　　　　）は大分暖かくなったが、夜はまだ寒い。

(6) 試験中は携帯電話や時計の（　　　　　）などが鳴らないようしてください。

90 ── 実力養成編　第1部　話題別に言葉を学ぼう

② 時間(2)

2-1 言葉

① ___ の試験 ● 前回／今回／次回	lần trước lần này lần sau
② 1990年 ___ に生まれた ● 以前／以後	trước ~ sau ~
③ 1時間前後で東京に着く	trước sau ~
④ 試験の ___ ● 前日／当日／翌日	hôm trước ngày hôm đó ngày hôm sau
⑤ ___ は忙しい ● 平日／週末	ngày thường cuối tuần
⑥ ___ の11月 ● 昨年／翌年	năm trước, năm ngoái năm sau
⑦ ___ の自分 ● 過去／現在／未来	quá khứ hiện tại tương lai
⑧ 現代の日本	hiện đại
⑨ 間もなく終わる	sắp, sắp sửa, chẳng mấy chốc nữa
⑩ 突然家に来る	đột nhiên, đột ngột

2-2 やってみよう 「言葉」から太字の語を選んで、（　）に入れなさい。

(1) 彼は2000年に日本に来て、（　　　　　　）、一度も国に帰っていない。

(2) いいお天気だったのに、（　　　　　）雨が降ってきた。

(3) 試験の（　　　　　）に飲みに行ったので、試験の日は頭が痛かった。

(4) 前の日までいいお天気だったのに、試合（　　　　　）に雨が降って、試合は中止になった。

(5) 前回のテストは酷かったが、（　　　　　）のテストはよかった。

第21課　時間 —— 91

II. 練習しよう ≫

1 正しいほうを選びなさい。

(1) 時計が5分進んでいたので、時計を (a. 合わせた　b. セットした)。

(2) この本が借りられる (a. 期限　b. 期間) は2週間だけだ。

(3) パーティーの (a. 日付　b. 日時) は、3月8日の18時から20時と書いてあった。

(4) 駅からバスが何時に出発するか、(a. 時期　b. 時刻) を調べた。

(5) 日本に来てから、(a. しばらく　b. 間もなく) 国に帰っていない。

2 表の空いているところに適当な語を入れなさい。

前のこと		後のこと
昨日	今日	
	今週	来週
	今月	
		来年
前回		
過去		
前日		

3 ____ に似た意味の語を「言葉」の中から選び、必要なら形を変えて、(　) に入れなさい。

(1) A：荷物は2時ごろにはここに届くんだよね。

　　B：はい、2時 (　　　　　) には届くと思います。

(2) A：このカメラ、安かったんだけど、買った次の日に壊れちゃったんだ。

　　B：買った (　　　　　) に壊れるようなカメラは買わないほうがいいよ。

(3) A：急に社長が亡くなってしまって、今、会社は大変だよ。

　　B：この前までお元気だったのに、それは (　　　　　) ですね。

(4) A：電車はもうすぐ来ますか。

　　B：はい、(　　　　　) 参ります。

92 ── 実力養成編　第1部　話題別に言葉を学ぼう

(5) A：月曜から金曜までは夜はアルバイトをしていて、空いてないんだ。
　　B：（　　　　　）の夜は忙しいんだね。
(6) A：山田さんは、昔はとても痩せていたそうですね。
　　B：昔は痩せていましたけど、それはもう（　　　　　）の話ですね。

4 （　）に入る語を□の中から選びなさい。

(1) ① この島の（　　　）の雨の量は4,000ミリを超える。
　　② この写真には（　　　）が入っている。
　　③ （　　　）の科学でもわからないことはある。

　　　a.現代　　b.日付　　c.年間

(2) ① 梅雨の（　　　）は洗濯物が乾かなくて、困る。
　　② 目覚ましを（　　　）するのを忘れて、遅刻してしまった。
　　③ この寺は江戸時代（　　　）に建てられたものだ。

　　　a.以前　　b.時期　　c.セット

5 「言葉」の語を（　）に入れて、文章を作りなさい。最初の字はヒントです。

レストラン・大磯　9月10日までの（①た＿＿）アルバイト募集
夏休みは海の近くのレストランで働こう！
（②へ＿＿＿）10時から24時、日曜、祝日10時から22時のうちの4時間以上で、週二日以上、働ける方。自分の好きな（③にっ＿＿）で働いて、楽しくお仕事。（④しゅ＿＿＿）だけでも、OK。
アルバイト（⑤き＿＿）：7月20日から9月10日まで
時給：（⑥にっ＿＿＿）10時から18時　1,000円
　　　（⑦や＿＿）18時から24時　1,100円
連絡：0463－1234－××××　面接の（⑧に＿＿）は相談。
住所：〒255-0003　神奈川県中郡大磯町大磯××××
＊（⑨ちょ＿＿）のアルバイトも募集中。

実力を試そう（20課〜21課） /20点

1. （　）に入れるのに最もよいものを、1・2・3・4から一つえらびなさい。(1点×8)

① 授業を休んだ学生の（　）は8人だった。
　　1　間　　　　2　数　　　　3　人　　　　4　量

② この町に来てから、3年（　）。
　　1　した　　　2　しった　　3　たった　　4　とった

③ 今日は昨日の3（　）ぐらいお客さんが来ている。
　　1　回　　　　2　代　　　　3　台　　　　4　倍

④ 日本で、（　）7万円ぐらい買い物をした。
　　1　計算　　　2　計画　　　3　合計　　　4　予算

⑤ 時計の（　）を止めてしまって、朝、起きられなかった。
　　1　アラーム　2　セット　　3　プラス　　4　レベル

⑥ （　）、東京では雨は降っていません。
　　1　現在　　　2　現代　　　3　時刻　　　4　時代

⑦ 夏休み（　）中なので、図書館も休みだ。
　　1　期間　　　2　期限　　　3　日時　　　4　日程

⑧ もう少し煙草を（　）と、病気になりますよ。
　　1　ふえない　2　ふやさない　3　へらさない　4　へらない

2. ＿＿＿に意味が最も近いものを、1・2・3・4から一つえらびなさい。(1点×4)

① 買い物をする時間はたっぷりある。
　　1　ときどき　2　すこし　　3　たくさん　4　まあまあ

② 学校のすべての教室にテレビがある。
　　1　多く　　　2　全部　　　3　大体　　　4　半分

③ 日中は、大体家で仕事をしている。
　　1　一日中　　　　　　　　　2　朝から夕方までは
　　3　昼から夜までは　　　　　4　夕方から夜までは

94 ── 実力養成編　第1部　話題別に言葉を学ぼう

4 肉はたくさん食べているが、野菜が不足している。

1　きれない　　　2　たりない　　　3　とらない　　　4　もらえない

3. つぎのことばの使い方として最もよいものを、1・2・3・4から一つえらびなさい。(2点×4)

1 余る

1　掃除をして、ゴミが余ったら、この箱に入れてください。
2　山に行って、天気が余ったら、この傘を使ってください。
3　家に帰って、熱が余ったら、この薬を飲んでください。
4　買い物をして、お金が余ったら、私に返してください。

2 間もなく

1　コンサートは、間もなく始まった。
2　学校には、間もなく行っている。
3　教室には、間もなく学生がいた。
4　友達は、間もなく来なかった。

3 余裕

1　晩御飯のときに、食べた余裕は捨てたほうがいい。
2　映画館は、映画を見に来た人が余裕で、座れなかった。
3　車を買ったので、今は新しいパソコンを買う余裕がない。
4　将来は、会社の社長になって、余裕になりたい。

4 突然

1　最近、仕事が忙しくて、突然、テニスはしていない。
2　ここは車が多いところなので、突然、運転している。
3　健康のために、毎日、突然、野菜を食べるようにしている。
4　約束をしていないのに、山田さんが、突然、家に来た。

実力を試そう（20課〜21課） — 95

じつりょくようせいへん
実力養成編　第2部　性質別に言葉を学ぼう

1課 和語動詞

Ⅰ. 言葉を覚えよう ≫

1 自動詞

1-1 言葉

① 歯が**生える**	mọc
② スープが**冷める**	nguội
③ 家が**燃える**	cháy
④ 服が**目立つ**	nổi bật
⑤ 星が**輝く**	sáng lấp lánh, rạng ngời
⑥ **黙って**、話を聞く	im lặng
⑦ 水が**たまる**	tích trữ, gom góp
⑧ 薬がよく**効く**	có hiệu quả
⑨ 社長が**代わる**	thay thế
⑩ 親に**頼る**	dựa dẫm, nhờ vả
⑪ 彼の言葉に**うなずく**	gật đầu
⑫ ゲームに**飽きる**	chán ngán
⑬ 大きな声で**叫ぶ**	kêu gào
⑭ 車で空港に**向かう**	hướng đến
⑮ 油は水に**浮く**	nổi, trôi nổi
⑯ ガムが靴に**くっつく**	dính, bám vào

1-2 やってみよう 「言葉」から太字の語を選んで、（　）に入れなさい。

(1) お金がないのはわかるけど、私に（　　　　　　）のはやめてほしい。

(2) 彼は声も体も大きいから、どこにいても（　　　　　　）。

(3) 早く飲まないと、コーヒーが（　　　　　　）よ。

(4) 教え方の上手な田中先生に（　　　　　　）先生はいない。

(5) 夏に運動をすると、汗でシャツが体に（　　　　　　）ので、嫌だ。

(6) 泳いでいるときに、体が水に（　　　　　　）のは、なぜだろう。

98 —— 実力養成編　第2部　性質別に言葉を学ぼう

2 他動詞

2-1 言葉

① ボールを握る	nắm
② 皿を重ねる	chồng lên, chất lên
③ 新聞をひもで縛る	buộc
④ 池を石で囲む	bao quanh
⑤ 犬がボールを追う	đuổi theo
⑥ 物を大切に扱う	đối xử
⑦ 電話代を支払う	chi trả, thanh toán
⑧ 若い人は肉料理を好む	thích, ưa chuộng
⑨ そばを食う	ăn
⑩ 人を指で指す	chỉ (tay), chỉ định
⑪ 地図で場所を示す	biểu thị, hiển thị
⑫ 夢を語る	kể, kể chuyện
⑬ 楽しい時間を過ごす	trải qua
⑭ 出発を1日延ばす	trì hoãn, kéo dài
⑮ 優勝を目指す	hướng đến, nhắm đến
⑯ 警察に助けを求める	yêu cầu, cầu viện
⑰ 子供を可愛がる	yêu chiều, cưng chiều
⑱ 弟をいじめる	trêu trọc, bắt nạt

2-2 やってみよう 「言葉」から太字の語を選んで、（　）に入れなさい。

(1) 試合が近いから、練習時間を一時間（　　　　　）ことにした。

(2) 言葉で説明してもわかりにくいので、絵に描いて（　　　　　）ことにした。

(3) 家族でテーブルを（　　　　　）のは久しぶりだ。

(4) 東京には、仕事を（　　　　　）人が大勢集まってくる。

(5) 最近、お正月を海外で（　　　　　）人が増えている。

第1課　和語動詞 —— 99

Ⅱ. 練習しよう ≫

1 一緒に使うものを線で結びなさい。

(1) お金、疲れ、ゴミ、宿題　　・　　　　　・　が　かがやく

(2) 月、太陽、目、顔　　　　　・　　　　　・　が　はえる

(3) 魚、肉、野菜、お菓子　　　・　　　　　・　が　たまる

(4) 書類、本、布団、シャツ　　・　　　　　・　が　きく

(5) 木、草、歯、ひげ、毛　　　・　　　　　・　を　かたる

(6) 薬、冷房、暖房、ブレーキ　・　　　　　・　を　かさねる

(7) 経験、喜び、思い出、過去　・　　　　　・　を　くう

2 □□から語を選び、適当な形に変えて（　）に入れなさい。

(1) この絵はもっと大切に（　　　　　　　）ください。

(2) 何を聞いても、彼はずっと（　　　　　　　）いる。

(3) このゲームにはもう（　　　　　　　）しまった。

(4) 子供の手を（　　　　　　）、信号を渡る。

(5) 火事で服も本も全部（　　　　　　）しまった。

(6) 女の子が男の子たちに（　　　　　　）、泣いていた。

(7) 林君はA大学を（　　　　　　）、勉強している。

(8) 王さんはカラオケで日本の歌を（　　　　　　）、歌う。

もえる
あきる
めざす
このむ
にぎる
いじめる
あつかう
だまる

3 助詞「が」「を」「で」「に」「へ」「と」から選んで、（　）に入れなさい。

(1) 警察官は走って逃げる泥棒（　　　）自転車（　　　）追った。

(2) 先生は、授業中に話している生徒（　　　）指して、答えさせる。

(3) 長い髪（　　　）ゴム（　　　）縛った。

(4) コンビニ（　　　）ガス代や電気代（　　　）支払うことができる。

(5) 母が事故にあったと聞いて、タクシー（　　　）病院（　　　）向かった。

(6) 山中さんは近所の男の子（　　　）自分の子供のように可愛がっている。

(7) 「わかった？」と聞くと、息子は「うん」（　　　）うなずいた。

(8) ノートにメモを書いて、大切なところ（　　　）赤い線（　　　）囲んだ。

100 —— 実力養成編　第2部　性質別に言葉を学ぼう

III. 実力を試そう ≫

1. （　）に入れるのに最もよいものを、1・2・3・4から一つえらびなさい。（1点×4）

1 図書館の本は丁寧に（　　）ください。

　　1　あつかって　　　2　あやまって　　　3　しはらって　　　4　たたかって

2 彼は私の手を（　　）、「頑張れよ！」と言った。

　　1　かたって　　　　2　しばって　　　　3　にぎって　　　　4　むかって

3 うちの子は1歳なのに、全然毛が（　　）こない。

　　1　きいて　　　　　2　のって　　　　　3　はえて　　　　　4　もえて

4 私はこの映画が大好きで、10回見ても（　　）。

　　1　あきない　　　　2　うかない　　　　3　このまない　　　4　くっつかない

2. ＿＿に意味が最も近いものを、1・2・3・4から一つえらびなさい。（1点×2）

1 この料理は、もう少しさめてから、食べたほうがおいしい。

　1　温かくして　　　2　温かくなって　　3　冷たくして　　4　冷たくなって

2 石川さんはさっきからずっとだまっている。

　1　何か言っている　2　何かを見ている　3　何も言わない　4　何も見ない

3. つぎのことばの使い方として最もよいものを、1・2・3・4から一つえらびなさい。（2点×2）

1 重ねる

　1　店で働く人をもう少し重ねてほしい。
　2　父は毎晩ウィスキーに水を重ねて飲む。
　3　布団を2枚重ねても、寒くて寝られない。
　4　仕事のし過ぎで、疲れを重ねてしまう。

2 叫ぶ

　1　夜中に「助けて！」と叫ぶ女性の声が聞こえた。
　2　急に犬に「ワンワン！」と叫ばれてびっくりした。
　3　彼はとても小さい声で「もう、だめだ」と叫んだ。
　4　授業中は携帯電話の音が叫ばないようにしてください。

第1課　和語動詞 —— 101

2課 漢語動詞（かんごどうし）

Ⅰ. 言葉を覚えよう ≫

1 漢語動詞 ① ～を＋動詞

1-1 言葉

① 機械を**発明**する	phát minh
② 船を**製造**する	chế tạo, sản xuất
③ 映画を**制作**する	chế tác, sản xuất
④ 写真を**印刷**する	in, in ấn
⑤ 本を**出版**する	xuất bản
⑥ ゴミを**回収**する	thu, thu hồi
⑦ 将来の自分を**想像**する	tưởng tượng
⑧ 自分がしたことを**反省**する	xem lại, kiểm điểm, rút kinh nghiệm
⑨ 病院に行くかを**判断**する	nhận định, phán đoán
⑩ お客さんを**歓迎**する	tiếp đón, chào mừng
⑪ 犬を**訓練**する	huấn luyện, tập huấn
⑫ 授業を**選択**する	lựa chọn
⑬ レポートを**評価**する	đánh giá
⑭ お金を**管理**する	quản lý
⑮ 会社を**経営**する	kinh doanh
⑯ 問題を**解決**する	giải quyết
⑰ 事故を**防止**する	đề phòng, phòng chống
⑱ アメリカを**訪問**する	đến thăm

1-2 やってみよう 「言葉」から太字の語を選んで、（　）に入れなさい。

(1) 彼の書いた小説は海外でも高く（　　　　　）されている。

(2) レポートを書いたのに、（　　　　　）して持ってくるのを忘れた。

(3) 牛乳を買うときは、いつ（　　　　　）されたかをチェックするようにしている。

(4) 泥棒が家に入るのを（　　　　　）するために、窓に鍵を二つ付けた。

102 —— 実力養成編 第2部 性質別に言葉を学ぼう

2 漢語動詞 ② ～を／～に／～が＋動詞

2-1 言葉

① 円をドルに**交換**する	đổi, thay
② 英語を日本語に**翻訳**する	dịch
③ 悪いところに薬を**使用**する	sử dụng
④ 部長に問題を**報告**する	báo cáo
⑤ 相手に自分の意見を**主張**する	khẳng định, khăng khăng, nhấn mạnh
⑥ 彼の意見に**賛成**する	đồng ý, tán thành
⑦ 彼女に**協力**する	hợp tác, hiệp lực
⑧ 中国の会社に**注目**する	chú ý, gây sự chú ý
⑨ ルールに**違反**する	vi phạm
⑩ 大阪に**出張**する	công tác
⑪ 色が**変化**する	thay đổi, biến đổi
⑫ 電車が**停止**する	dừng lại
⑬ 経済が**発展**する	phát triển
⑭ 技術が**進歩**する	tiến bộ
⑮ 大きな問題が**存在**する	tồn tại, hiện diện
⑯ 社長が**引退**する	nghỉ hưu
⑰ よく考えて**行動**する	hành động
⑱ 夜に**活動**する動物	hoạt động

2-2 やってみよう 「言葉」から太字の語を選んで、（ ）に入れなさい。

(1) 彼は、学校の規則に（　　　　　　）して、学校を辞めさせられた。

(2) 父は（　　　　　　）してから、家からあまり出なくなってしまった。

(3) 世界には大体200ぐらいの国が（　　　　　　）する。

(4) 私の国の言葉を日本語に（　　　　　　）するのは簡単ではない。

(5) 町が（　　　　　　）して、ビルやお店がどんどん出来て、住む人も増えた。

第2課　漢語動詞 —— 103

II. 練習しよう ≫

1 ＿＿の語と意味が近いものを線で結びなさい。

(1) ① テストは、終わったら、回収すると言われた。　・　　　・　a. あつめる

　　② 靴が小さいときは、交換することができるそうだ。　・　　　・　b. えらぶ

　　③ どんな仕事を選択するかで、将来が決まる。　　・　　　・　c. とりかえる

(2) ① この水は、火事のときに火を消すのに使用するそうだ。・　　　・　a. かわる

　　② 秋になると、葉の色が赤や黄に変化する。　　　・　　　・　b. しらせる

　　③ 社長には私から報告するつもりだった。　　　・　　　・　c. つかう

(3) ① 将来はゲームを制作する会社で働きたい。　　　・　　　・　a. かんがえる

　　② 戦争のない世界を想像することができるだろうか。・　　　・　b. つくる

　　③ 車を決められたところに停止させる練習をした。　・　　　・　c. とめる

2 助詞「が」「を」「で」「に」「へ」「と」から選んで、（　）に入れなさい。

(1) フランスの大統領が日本（　　　　）訪問した。

(2) 田中さんの言っていること（　　　　）賛成する人は少なかった。

(3) 運転手は「私は悪くない」（　　　　）主張している。

(4) 自分が正しいということ（　　　　）主張するだけでは、だめだ。

(5) おじさんは、「よく来たね」（　　　　）私のこと（　　　　）歓迎してくれた。

(6) 私たちの計画（　　　　）山田さん（　　　　）協力してくれることになった。

(7) 私は、近所の人たち（　　　　）協力して、町の掃除をしている。

3 正しいものを全部選びなさい。

(1) 彼は、警察官になるための訓練を (a. 受けて　b. 聞いて　c. もらって) いる。

(2) 彼はどうしてこんなバカな行動を (a. 付けた　b. 取った　c. 持った) のか。

(3) 彼女は、今、日本で一番注目を (a. 開けて　b. 集めて　c. 浴びて) いる歌手だ。

(4) 人の物を盗んだのだから、謝るだけでは、解決には (a. 行か　b. 着か　c. なら) ない。

(5) ガンを治すための研究に大きな進歩が (a. あった　b. 見られた　c. 作られた)。

104 ── 実力養成編　第2部　性質別に言葉を学ぼう

/10点

III. 実力を試そう ≫

1. （　）に入れるのに最もよいものを、1・2・3・4から一つえらびなさい。(1点×4)

1　紙を（　　）したのは、中国人だそうだ。
　　1　発見　　　　　2　発展　　　　　3　発明　　　　　4　発表

2　私の兄はレストランを（　　）している。
　　1　経営　　　　　2　経験　　　　　3　経済　　　　　4　経由

3　この公園は、国が（　　）をしている。
　　1　管理　　　　　2　制作　　　　　3　製造　　　　　4　世話

4　学校や会社の名前だけで、人を（　　）してはいけない。
　　1　使用　　　　　2　反省　　　　　3　判断　　　　　4　訪問

2. ＿＿＿に意味が最も近いものを、1・2・3・4から一つえらびなさい。(1点×2)

1　アメリカに出張するのは、初めてだ。
　　1　買い物に行く　　2　仕事で出かける　3　勉強に行く　　　4　旅行で出かける

2　自分の書いた小説を出版することになった。
　　1　だす　　　　　2　つくる　　　　　3　つける　　　　　4　でる

3. つぎのことばの使い方として最もよいものを、1・2・3・4から一つえらびなさい。(2点×2)

1　活動
　　1　ときどき、外に出て、体を活動しないと、太ってしまう。
　　2　この机は活動するので、机の下も簡単に掃除できる。
　　3　その子供はゲームの機械を活動するのが上手だった。
　　4　彼等は古い服を集めて、アフリカに送る活動をしている。

2　反省
　　1　彼は、子供のころのことを反省して、楽しそうだった。
　　2　彼は、親に酷いことを言ったことを反省していた。
　　3　彼は、社長に反省して、言うことを聞かなかった。
　　4　みんなが彼の意見に反省したので、彼も困っていた。

第2課　漢語動詞 —— 105

3課　形容詞

Ⅰ. 言葉を覚えよう ≫

1 い形容詞

1-1 言葉

① 背中が**かゆい**	ngứa
② 太陽が**まぶしい**	chói, chói chang
③ スカートが**きつい**	chật, vất vả, cực nhọc
④ 昔が**懐かしい**	nhớ, hoài niệm
⑤ 失敗して、**悔しい**	hối tiếc, tiếc nuối, cay cú
⑥ **恐ろしい**事件	đáng sợ, kinh hoàng
⑦ **怪しい**男	lạ, đáng nghi
⑧ **親しい**友人	thân, thân thiết
⑨ **大人しい**子供	điềm đạm, nhẹ nhàng, trầm tính
⑩ パソコンに**詳しい**人	tường tận, am hiểu
⑪ 味が**しつこい**	nồng, quá đậm, ngấy
⑫ **鋭い**ナイフ	nhọn, sắc, nhanh nhạy, nhạy bén
⑬ **鈍い**人	chậm chạp, chậm hiểu, phản ứng chậm
⑭ **貧しい**国	nghèo
⑮ **激しい**雨	dữ dội, mạnh
⑯ お金が**もったいない**	lãng phí
⑰ **とんでもない**事件	không thể tưởng tượng, khủng khiếp
⑱ 怒っても**仕様（しょう）がない**	không có cách nào khác

1-2 やってみよう 「言葉」から太字の語を選んで、（　）に入れなさい。

(1) 彼はカメラに（　　　　　　）ので、カメラのことを教えてもらった。

(2) 彼の家は（　　　　　　）家で、子供のころご飯もちゃんと食べられなかった。

(3) 有名なテニス選手なのに、今日は疲れているみたいで、動きが（　　　　　　）。

(4) 休みの日なのに、テレビばかり見ていたら、時間が（　　　　　　）。

106 —— 実力養成編　第2部　性質別に言葉を学ぼう

2 な形容詞

2-1 言葉

① **わがまま**な子供	cứ theo ý mình, bướng bỉnh
② **意地悪**な姉	xấu tính, hay bắt nạt người khác
③ **下品**な男	khiếm nhã, tục tĩu
④ **乱暴**な運転	ẩu, thô bạo, thô lỗ
⑤ **派手**な服	lòe loẹt, sặc sỡ
⑥ **地味**な色	giản dị
⑦ **おしゃれ**なレストラン	diện, sành điệu, hợp mốt
⑧ **素敵**な結婚式	tuyệt vời
⑨ **楽**な仕事	nhàn hạ, nhẹ nhàng
⑩ **豊か**な生活	giàu có, sung túc
⑪ **穏やか**な天気	ôn hòa, điềm đạm
⑫ ゲームに**夢中**だ	say mê
⑬ 飛行機が**無事**に着く	bình an vô sự, an toàn
⑭ **平気**で嘘をつく	thản nhiên, như không có chuyện gì xảy ra
⑮ 人の**迷惑**になる	phiền hà, quấy rầy

2-2 やってみよう 「言葉」から太字の語を選んで、（　）に入れなさい。

(1) テストで0点を取ったのに、（　　　　　）な顔をしている。

(2) 彼は、彼女に（　　　　　）で、デートのことばかり考えている。

(3) お客さんの（　　　　　）を全部聞いていたら、大変だ。

(4) 怪我や病気をしないで、（　　　　　）に家に帰ってきてほしい。

(5) 夜中にそんな大きな音を出されたら、（　　　　　）だ。

(6) ご主人は優しいし、息子さんはかっこいいし、先生のご家族は本当に（　　　　　）だ。

(7) 仕事のときは、真面目な人と思われるように、（　　　　　）な服を選ぶ。

第3課　形容詞 ―― 107

Ⅱ. 練習しよう ≫

1 どんな人ですか。合う語を下の [   ] の中から選びなさい。

[怪しい　意地悪　~~親しい~~　鈍い　派手]

(例)　田中さんとは高校のとき、3年間同じクラスでした。今もよく一緒に遊びます。→田中さんは（　親しい　）友人です。

(1)　先生はいつも黄色いスーツを着ていて、赤いネクタイをよくしています。眼鏡も金色で、靴は白です。→先生はいつも（　　　　　）です。

(2)　私の弟は、クラスの女の子が親切にしてくれても、プレゼントをくれても、その女の子の気持ちに気が付きません。→弟は少し（　　　　　）です。

(3)　鈴木さんは、宿題がどこか聞いても教えてくれなかったり、パーティーがあっても私だけ誘わなかったりします。→鈴木さんは（　　　　　）だと思います。

(4)　その男は、夜、私の家の前を行ったり来たりしていました。そのうえ、私が捨てたゴミの袋を開けて調べていました。→本当に（　　　　　）男です。

2 （　）に一番合うものをaからfの中から選びなさい。

(1)　十年ぶりに中学のときの友達と会って、（　　　　）。　　　　a. まぶしかった

(2)　足をたくさん蚊に刺されて、（　　　　）。　　　　　　　b. しつこかった

(3)　弟のほうが自分よりゲームをするのが上手で、（　　　　）。　c. 悔しかった

(4)　先週はアルバイトが忙しかったし、テストもあって、（　　　　）。　d. 懐かしかった

(5)　その店のラーメンは油が多過ぎて、（　　　　）。　　　　e. かゆかった

(6)　運転をしていて、暗いトンネルから急に出たら、（　　　　）。　f. きつかった

3 一緒に使うものを線で結びなさい。

(1)　豊かな　　　・　　　　　　・　男、話し方、運転

(2)　おしゃれな　・　　　　　　・　天気、性格、人

(3)　乱暴な　　　・　　　　　　・　社会、国、生活

(4)　鋭い　　　　・　　　　　　・　服、眼鏡、お店

(5)　穏やかな　　・　　　　　　・　意見、質問、ナイフ

108 —— 実力養成編　第2部　性質別に言葉を学ぼう

III. 実力を試そう

1. （　）に入れるのに最もよいものを、1・2・3・4から一つえらびなさい。（1点×4）

1 47人の人が死ぬという、（　）バスの事故が起こった。
　　1　くわしい　　2　したしい　　3　しょうがない　　4　とんでもない

2 とても（　）人で、自分の意見もあまり言わない。
　　1　おとなしい　　2　しつこい　　3　なつかしい　　4　まずしい

3 たくさん働いても、全然生活が（　）にならない。
　　1　地味　　2　下品　　3　楽　　4　乱暴

4 田口さんは（　）な人なので、怒るはずがない。
　　1　おしゃれ　　2　おだやか　　3　やわらか　　4　ゆたか

2. ＿＿に意味が最も近いものを、1・2・3・4から一つえらびなさい。（1点×2）

1 昨日の夜、風が<u>はげしく</u>吹いて、庭の木が倒れた。
　　1　とてもたくさん　2　とても冷たく　　3　とても強く　　4　とても速く

2 飛行機の事故ほど<u>おそろしい</u>ものはないと思う。
　　1　怖い　　2　酷い　　3　大変な　　4　危険な

3. つぎのことばの使い方として最もよいものを、1・2・3・4から一つえらびなさい。（2点×2）

1 しょうがない
　　1　文法に<u>しょうがない</u>人にわからないところを教えてもらった。
　　2　日本に来たばかりだから、日本語が下手なのは<u>しょうがない</u>。
　　3　初めて富士山を見たとき、とても<u>しょうがない</u>気持ちになった。
　　4　頑張ったのに、先生に怒られて、<u>しょうがなく</u>なった。

2 下品
　　1　昨日、買ったのに、<u>下品</u>なものだったので、もう壊れた。
　　2　鈴木さんは、体が<u>下品</u>なので、よく病気で学校を休んでいる。
　　3　お金がないので、スーパーではいつも<u>下品</u>なものを買っている。
　　4　山田さんはいい人なんだけど、言葉が<u>下品</u>なので、困る。

4課 副詞

Ｉ. 言葉を覚えよう ≫

1 副詞 ①

1-1 言葉

① 東京まで**およそ**50分で着く	khoảng, đại khái
② その時計は**かなり**高そうだ	khá, khá là
③ 熱が**多少**下がった	ít nhiều, một chút, một ít
④ 電気が**すべて**消えた	toàn bộ, tất cả
⑤ **まったく**日本語が話せない	hoàn toàn
⑥ **一度に**たくさんの本を運ぶ	cùng một lúc, cùng một lần
⑦ **偶然**先生に会った	tình cờ, ngẫu nhiên
⑧ **たまに**そばを食べる	thỉnh thoảng, đôi khi
⑨ 新しい服を**早速**着てみた	ngay lập tức
⑩ **実は**お金がない	thật ra, nói thực là
⑪ **実際に**料理を作ってみる	thực tế
⑫ **案外**レストランはすいていた	không ngờ, không tính đến
⑬ **少なくとも**1時間は勉強している	ít ra cũng, tối thiểu cũng
⑭ **せっかく**作ったのに、誰も食べない	mất công, khó nhọc
⑮ **確か**森さんは39歳だったと思う	chắc chắn, đúng, chính xác
⑯ **ともかく・とにかく**遅れないで	dù thế nào, trong bất kỳ trường hợp nào dù thế nào, trong bất kỳ trường hợp nào
⑰ **思い切り・思いっ切り**泳ぎたい	hết mình, quyết tâm hết mình, quyết tâm
⑱ 兄は**わざと**負けてくれた	cố ý, cố tình

1-2 やってみよう 「言葉」から太字の語を選んで、（　）に入れなさい。

(1) お忙しいとは思いますが、（　　　　　）はうちにも遊びに来てください。

(2) 血が止まらないなら、（　　　　　）早く病院に行ったほうがいいよ。

(3) 日本語が読めると言ってしまったが、（　　　　　）ひらがなしか読めない。

(4) （　　　　　）しょう油を買っておいたと思ったんだけど、どこにもない。

110 —— 実力養成編　第2部　性質別に言葉を学ぼう

2 副詞 ②

2-1 言葉

① **まさか**雨が降るとは思わなかった	không thể ngờ, không thể tin được, không bao giờ nghĩ tới
② **まるで**子供みたいだ	hoàn toàn
③ **もしかしたら**行けないかもしれない	chẳng biết chừng có khi lại
④ **もしも**怪我をしたら、大変だ	nếu, giả như
⑤ **いくら**探しても、見つからない	bao nhiêu, như thế nào
⑥ **どうしても**思い出せない	bằng mọi cách, dù thế nào
⑦ **別に**困っていない	đặc biệt
⑧ **何で**怒っているのか	tại sao
⑨ **間もなく**バスが来る	sắp, sắp sửa, chẳng mấy chốc nữa
⑩ **いよいよ**試合が始まる	cuối cùng thì
⑪ **そろそろ**寝る時間だ	sắp sửa, chuẩn bị
⑫ **さっき**食べたばかりだ	vừa nãy
⑬ **しばらく**駅で待っていた	một khoảng thời gian ngắn, một lúc
⑭ **今にも**雨が降りそうだ	sắp, ngay bây giờ
⑮ 頑張ったが、**結局**だめだった	cuối cùng, rốt cuộc
⑯ 二人は**とうとう**別れた	cuối cùng
⑰ **ようやく**病気が治った	cuối cùng
⑱ **ついに**答えが見つかった	cuối cùng

2-2 やってみよう 「言葉」から太字の語を選んで、（　）に入れなさい。

(1) 田中さんは、（　　　　　　）いつも赤い服を着ているのだろう。

(2) （　　　　　　）謝っても、父は怒ったままだった。

(3) 私が大事に取っておいたケーキ、（　　　　　　）食べてないよね。

第4課　副詞　111

Ⅱ. 練習しよう ≫

1 下線に注意して、一番合うものを線で結びなさい。

(1) ① いよいよ ・ ・ a. 母に会っていない／テレビを見ていた

② さっき ・ ・ b. 夏休みが始まる／明日はテストの日だ

③ しばらく ・ ・ c. 妹が帰ってきた／言ったことを忘れないで

(2) ① 今にも ・ ・ a. 夢みたいだ／台風のようだ

② まさか ・ ・ b. 合格するとは思わなかった／雨は降らないだろう

③ まるで ・ ・ c. その木は倒れそうだ／弟は泣き出しそうだった

(3) ① どうしても ・ ・ a. 用事はない／私はかまわない

② 別に ・ ・ b. 森さんには勝てない／彼を好きになれない

③ もしかしたら ・ ・ c. 兄は病気なのかもしれない／彼が好きなのかな

2 正しいほうを選びなさい。

(1) 新宿に買い物に寄ったけど、(a. 結局　b. ついに) 何も買わなかった。

(2) 今日はもう遅いので、(a. いよいよ　b. そろそろ) 帰ります。

(3) ビルが出来るまでに、(a. およそ　b. かなり) 5年かかった。

(4) 長い間病気だった祖母が (a. とうとう　b. やっと) 死んでしまった。

(5) 先生の言っていることが (a. 別に　b. まったく) わからなかった。

(6) 最近、彼にメールをしても、(a. すぐに　b. 早速) 返事をくれない。

(7) 学生を笑わせようとして、先生はいつも (a. 偶然　b. わざと) 変なことを言う。

3 正しい文になるように、①から④を並べなさい。

(1) この仕事が ＿＿ ＿＿ ＿＿ ＿＿ と思っている。

① テニスがしたい　② 終わったら　③ 日曜日までに　④ 思い切り

(2) 長い間、＿＿ ＿＿ ＿＿ ＿＿。

① 待っていた　② 待たされたが　③ 歌手が出てきた　④ ついに

(3) 昨日、＿＿ ＿＿ ＿＿ ＿＿ がわからない。

① テストが悪かったのか　② 勉強したのに　③ たくさん　④ 何で

(4) 海外に ＿＿ ＿＿ ＿＿ ＿＿ みたほうがいい。

① 行って　② 行かないで　③ 心配するよりも　④ 実際に

112 ── 実力養成編　第2部　性質別に言葉を学ぼう

III. 実力を試そう

1. （ ）に入れるのに最もよいものを、1・2・3・4から一つえらびなさい。(1点×4)

[1] （　　）そんなにたくさんケーキを食べられないよ。
　　1　一度　　　2　一度に　　　3　偶然　　　4　偶然に

[2] 山田さんは（　　）60キロはあるだろう。
　　1　かなり　　2　少なくとも　　3　すべて　　4　まったく

[3] 林さんはもう（　　）来ると思います。
　　1　およそ　　2　さっき　　　3　しばらく　　4　間もなく

[4] （　　）明日、雪が降ったら、出かけるのはやめましょう。
　　1　いくら　　2　せっかく　　3　もしも　　4　もしかしたら

2. ＿＿＿に意味が最も近いものを、1・2・3・4から一つえらびなさい。(1点×2)

[1] 多少遅れてもかまわないので、会議には必ず出席してください。
　　1　かなり　　2　少し　　　3　大分　　　4　たまに

[2] 顔は恐そうだったけど、話してみると、案外いい人だった。
　　1　思った以上に　2　思った通り　3　思ったほど　4　思ったより

3. つぎのことばの使い方として最もよいものを、1・2・3・4から一つえらびなさい。(2点×2)

[1] せっかく
　　1　林さんが作ってくれたせっかくのお菓子だから、早く食べましょう。
　　2　地震のときは、せっかく早く火を消してください。
　　3　電車の中で子供がとてもうるさかったので、せっかく父が怒り始めた。
　　4　せっかく日本語が話せないので、買い物もできない。

[2] ようやく
　　1　3年かかって、ようやく新しい橋が出来た。
　　2　ようやく田口さんが駅に来るのを待っていた。
　　3　ようやく子供は寝る時間だから、寝なさい。
　　4　説明を聞いたが、ようやくわからなかった。

第4課　副詞　113

5課 オノマトペ

Ⅰ. 言葉を覚えよう ≫

1 オノマトペ ①

1-1 言葉

① **ぐっすり**寝る	(ngủ) say
② **じっと**見る／**じっと**する	chăm chú, im không nhúc nhích, cố chịu
③ **じろじろ**見る	chằm chằm
④ **にっこり**笑う	tươi cười, hớn hở
⑤ **のろのろ**歩く	chậm chạp, lề rề
⑥ **うっかり**忘れる	vô ý, lơ đễnh
⑦ **こっそり**お酒を飲む	vụng trộm, lén lút
⑧ **そっと**ドアを閉める	nhẹ nhàng
⑨ 一日中**ごろごろ**している	vạ vật, làm biếng
⑩ いつも**にこにこ**している	mỉm cười, cười tủm tỉm
⑪ バスが来なくて、**いらいら**する	sốt ruột
⑫ 恋人が出来て、**うきうき**している	vui sướng, phấn khởi
⑬ 発表があるので、**どきどき**する	hồi hộp, tim đập thình thịch
⑭ 明日から旅行で、**わくわく**している	háo hức, hồi hộp (vì vui)
⑮ 試合に負けて、**がっかり**している	thất vọng, chán nản
⑯ テストが終わって、**ほっと**している	cảm thấy nhẹ nhõm, nhẹ người, thở phào
⑰ 熱が高くて、**ふらふら**する	lảo đảo, loạng choạng
⑱ 英語が**ぺらぺら**だ	nói trôi chảy, lưu loát

1-2 やってみよう 「言葉」から太字の語を選んで、（　）に入れなさい。

(1) 寝ている赤ちゃんを起こさないように、（　　　　　　　）布団をかけた。

(2) 日本に5年も住んでいるので、日本語が（　　　　　　　）だ。

(3) 酒は医者に止められているのに、父は（　　　　　　　）飲んでいたようだ。

(4) 昨日はあまり寝られなかったけど、今日は（　　　　　　　）寝られた。

114 —— 実力養成編　第2部　性質別に言葉を学ぼう

2 オノマトペ ②

2-1 言葉

① **ぐんぐん**背が伸びる	như thổi, vùn vụt
② 仕事に**すっかり**慣れる	hẳn, hết sạch, tiệt
③ サイズが**ぴったり**合う	vừa vặn, vừa khít
④ 授業に**ぎりぎり**間に合う	sát giờ, sát nút
⑤ 朝御飯を**しっかり**食べる	chỉnh chu, chắc chắn, vững vàng
⑥ 靴を**ぴかぴか**に磨く	sáng bóng, bóng lộn
⑦ お菓子が**ぎっしり**入っている	đầy chặt, chật cứng
⑧ 野菜が**たっぷり**入っている	đầy, đầy ắp
⑨ 味が**さっぱり**している	(vị) thanh, sảng khoái, nhẹ nhõm
⑩ 机の上が**ごちゃごちゃ**している	lộn xộn, lung tung
⑪ 事故で車が**めちゃくちゃ**になる	tan nát, quá đáng
⑫ 教室が**しんと・しいんと**なる	yên ắng yên ắng
⑬ 服が**ぼろぼろ**だ	rách nát, tả tơi, tã tượi
⑭ 星が**きらきら**光る	lấp lánh
⑮ 電車が**がらがら**だ	trống rỗng, vắng tanh
⑯ 歯が**ぐらぐら**する	lung lay, lắc lư
⑰ みんな意見が**ばらばら**だ	không thống nhất, khác nhau
⑱ お母さんに**そっくり**だ	giống nhau, giống như đúc, giống y hệt

2-2 やってみよう 「言葉」から太字の語を選んで、（　）に入れなさい。

(1) レストランの中はお客さんがあまりいなくて、（　　　　　）だった。

(2) 地震で建物が（　　　　　）ゆれた。

(3) 夜の町はとても静かで、（　　　　　）していた。

(4) レポートを出すのは来月なので、まだ時間は（　　　　　）ある。

(5) 彼はまだ若いのに、（　　　　　）とした考えを持っている。

第5課　オノマトペ —— 115

II. 練習しよう 》》

1 一緒に使うものを線で結びなさい。

(1) ① じろじろ ・ ・ a.光る　　　(2) ① ぴったり ・ ・ a.上がる、伸びる

　　② にっこり ・ ・ b.見る　　　　　　② ぎりぎり ・ ・ b.着く、合格する

　　③ ぴかぴか ・ ・ c.笑う　　　　　　③ ぐんぐん ・ ・ c.合う、付ける

(3) ① ぎっしり ・ ・ a.忘れる、春になる

　　② すっかり ・ ・ b.乗る、並ぶ

　　③ たっぷり ・ ・ c.食べる、遊ぶ

2 （　）に一番合うものをaからcの中から選びなさい。

(1) ① レストランで頼んだものがすぐに出てこなくて、（　　　）。　　a.ほっとした

　　② 無くしたサイフが見つかって、（　　　）。　　　　　　　　　　b.わくわくした

　　③ 私の好きな歌手が日本に来ると聞いて、（　　　）。　　　　　　c.いらいらした

(2) ① お酒の飲み過ぎで、（　　　）。　　　　　　　　　　　　　　　a.うきうきする

　　② もうすぐ夏休みだと思うと、（　　　）。　　　　　　　　　　　b.ふらふらする

　　③ 食事の後にお茶を飲むと、口の中が（　　　）。　　　　　　　　c.さっぱりする

(3) ① 歩くと、足が痛いので、（　　　）。　　　　　　　　　　　　　a.そっとしておいた

　　② 振られたばかりなので、彼のことは、（　　　）。　　　　　　　b.ごちゃごちゃしていた

　　③ 駅の近くはお店がたくさんあって、（　　　）。　　　　　　　　c.じっとしていた

(4) ① 山田さんは明るい人で、いつも（　　　）。　　　　　　　　　　a.にこにこしている

　　② 首に付けたネックレスが（　　　）。　　　　　　　　　　　　　b.どきどきしている

　　③ 宿題を忘れて、先生に怒られるかと思って、（　　　）。　　　　c.きらきらしている

3 正しいものを一つ選びなさい。

(1) 長い間履いたので、靴がぼろぼろ (a.した　b.している　c.だ)。

(2) 挨拶がちゃんとできる、しっかり (a.した　b.な　c.の) 子供だ。

(3) 借りたお金を返さないというのは、めちゃくちゃ (a.した　b.な　c.の) 話だ。

(4) 私のテストの点を見て、母はがっかり (a.した　b.な　c.の) 顔をしていた。

(5) お皿が割れて、ばらばら (a.した　b.していた　c.になった)。

116 ── 実力養成編　第2部　性質別に言葉を学ぼう

Ⅲ. 実力を試そう ≫

1. （　）に入れるのに最もよいものを、1・2・3・4から一つえらびなさい。（1点×4）

① 休みの日は何もしないで、家で（　　）していることが多い。

   1 いらいら   2 ごろごろ   3 のろのろ   4 ばらばら

② 駅からずっと走ってきたので、まだ（　　）している。

   1 うきうき   2 どきどき   3 にこにこ   4 わくわく

③ 久しぶりに髪を切って、（　　）した。

   1 うっかり   2 さっぱり   3 しっかり   4 すっかり

④ 掃除をしたので、部屋中（　　）だ。

   1 きらきら   2 ぴかぴか   3 ぺらぺら   4 ぼろぼろ

2. ＿＿＿に意味が最も近いものを、1・2・3・4から一つえらびなさい。（1点×2）

① 事故があったようで、車が<u>のろのろ</u>としか進まない。

   1 こっそり   2 ぐっすり   3 はっきり   4 ゆっくり

② 山田さんと田中さんは本当に<u>そっくり</u>だ。

   1 仲がいい   2 仲が悪い   3 似ている   4 太っている

3. つぎのことばの使い方として最もよいものを、1・2・3・4から一つえらびなさい。（2点×2）

① うっかり

   1 日本の生活にも<u>うっかり</u>慣れてきた。
   2 夜中に急に電話が鳴って、<u>うっかり</u>した。
   3 <u>うっかり</u>していて、ドアのカギを閉めるのを忘れた。
   4 今日は天気がいいので、富士山が<u>うっかり</u>見えた。

② すっかり

   1 毎日、<u>すっかり</u>文法の勉強をしてください。
   2 山田さんの病気はもう<u>すっかり</u>よくなった。
   3 彼がこちらのほうを見て、<u>すっかり</u>笑った。
   4 言いたいことを言ったら、気持ちが<u>すっかり</u>した。

6課 間違えやすい漢語

Ⅰ. 言葉を覚えよう ≫

1 な形容詞と間違えやすいもの

1-1 言葉

● 「な形容詞」ではないもの

① 一流の大学	hạng đầu, (thuộc dạng) xuất sắc nhất
② 一部の学生	một phần, một bộ phận
③ 最新の研究	mới nhất
④ 最終の飛行機	sau cùng, cuối cùng
⑤ 流行の服	thịnh hành, mốt
⑥ 実際の話	thực tế, thật
⑦ 頭痛がする	đau đầu
⑧ 余裕のある生活	dư dả, dư thừa

● 「~する」が付くもの

⑨ 安定した生活	ổn định
⑩ 緊張した声	căng thẳng
⑪ 混雑したバス	đông đúc, lộn xộn
⑫ 科学が発達した国	phát triể
⑬ 水が不足する	thiếu, không đủ
⑭ 意見が一致する	thống nhất
⑮ 頭が混乱する	loạn, rối bời

1-2 やってみよう 「言葉」から太字の語を選んで、（　）に入れなさい。

(1) （　　　　　　　　）の電車が行ってしまったので、タクシーで帰るしかない。

(2) 今日は、酷い（　　　　　　）がして、授業を聞いていられなかった。

(3) その飛行機は、（　　　　　　）の飛行機なのに、故障が多い。

(4) この教科書を使えば、（　　　　　　）の会話で使われている言葉を勉強できる。

(5) 先生の教え方が下手で、生徒が（　　　　　　）してしまった。

118 — 実力養成編　第2部　性質別に言葉を学ぼう

2 する動詞と間違えやすいもの、「的」が付くもの

2-1 言葉

● 「〜する動詞」ではないもの

① 日本に**関心**がある	quan tâm
② 勝つ**自信**がある	tự tin
③ 痛いという**感覚**はない	cảm giác
④ 教科書を**参考**にする	tham khảo
⑤ 結婚したことを**秘密**にする	bí mật
⑥ 歌がうまいと**評判**だ	đánh giá, danh tiếng
⑦ 彼は広島の**出身**だ	xuất thân
⑧ 映画に**夢中**だ	say mê
⑨ 掃除をするのが**面倒**だ	lách cách, phiền hà
⑩ 台風の**被害**を受ける	thiệt hại

● 「〜的」が付くもの

⑪ **感動**的な話	cảm động
⑫ **基本**的な質問	cơ bản
⑬ **現実**的な計画	hiện thực
⑭ **積極**的な人	tích cực
⑮ **伝統**的な文化	truyền thống
⑯ **平均**的な値段	trung bình
⑰ **理想**的な相手	lý tưởng

2-2 やってみよう 「言葉」から太字の語を選んで、（　）に入れなさい。

(1) 私は、北海道（　　　　　）なので、暑いところはあまり好きではない。

(2) あの大学は、日本語を勉強するのには、（　　　　　）的な大学だ。

(3) とても（　　　　　）的な映画だったので、お客さんはみんな泣いていた。

第6課　間違えやすい漢語 —— 119

II. 練習しよう

1 正しいものを全部選びなさい。

(1) 国から両親が来るので、一流(a.的な　b.な　c.の)ホテルを予約した。
(2) 知らない人と話すと、緊張(a.して　b.になって)、うまく話せなくなる。
(3) 旅行に行ったときは、その国の伝統(a.的な　b.な　c.している)料理を食べたい。
(4) 川口くんは流行(a.的な　b.な　c.の)音楽をいつも聞いている。
(5) 彼女は、その大学に入るには、日本語力が不足(a.だ　b.している)と思う。
(6) 弟は、ゲームに夢中(a.していて　b.で　c.になっていて)、全然勉強しない。
(7) 自分から積極(a.して　b.的に　c.に)意見を言う学生は少なかった。

2 （　）に入るものをaからeの中から選びなさい。2回使うものもあります。

a. が出て　　b. になって　　c. にして　　d. をかけて　　e. を持って

(1) 最近、彼は日本のアニメに関心(　　　)いる。
(2) 私がここに来ていることは、秘密(　　　)ください。
(3) その映画はとても面白いと評判(　　　)いる。
(4) 約束の時間に遅れないように、余裕(　　　)、出かけることにした。
(5) 病気で学校を休んでしまって、友達に面倒(　　　)しまった。
(6) 台風で家がたくさん壊れる被害(　　　)、大変なことになった。
(7) 会話の練習は十分したのだから、自信(　　　)、話したほうがいい。
(8) 友達のレポートを参考(　　　)、自分もレポートを書いた。

3 ＿＿＿のところを正しい形に直しなさい。

(例) 日本のような、医学が発達な国に住みたい。　→　発達した

(1) 経済が安定になれば、私の国ももっとよくなると思う。　→　＿＿＿＿
(2) お昼だったので、レストランの中は混雑だった。　→　＿＿＿＿
(3) 基本な練習をたくさんしないと、野球は上手にならない。　→　＿＿＿＿
(4) その国では、一部な人たちしか車を買えない。　→　＿＿＿＿
(5) 彼女の意見と私の意見が珍しく一致になった。　→　＿＿＿＿
(6) 夢みたいな話じゃなくて、もっと現実な話をしてください。　→　＿＿＿＿

/10点

III. 実力を試そう ≫

1. ( )に入れるのに最もよいものを、1・2・3・4から一つえらびなさい。(1点×4)

① 手が冷たくなり過ぎて、指の( )がない。
　　1　感覚　　　　2　感動　　　　3　感心　　　　4　感謝

② 彼の顔は、日本人らしい、( )的な顔だと思う。
　　1　一部　　　　2　実際　　　　3　積極　　　　4　平均

③ 戦争のすぐ後だったので、日本の社会も( )していた。
　　1　安定　　　　2　混雑　　　　3　混乱　　　　4　発達

④ 日本( )のカメラ工場がその町にはある。
　　1　最終　　　　2　最新　　　　3　最多　　　　4　最大

2. ＿＿＿に意味が最も近いものを、1・2・3・4から一つえらびなさい。(1点×2)

① 大勢の人の前で話をしなければならないので、緊張している。
　　1　いらいら　　2　ごろごろ　　3　どきどき　　4　わくわく

② うちの夫は仕事に夢中で、日曜日も仕事をしている。
　　1　仕事の夢を見ていて　　　　　2　仕事に夢を持っていて
　　3　仕事以外のことに興味がなくて　4　仕事以外にすることがなくて

3. つぎのことばの使い方として最もよいものを、1・2・3・4から一つえらびなさい。(2点×2)

① 余裕
　　1　料理を作り過ぎてしまって、たくさん余裕が出来てしまった。
　　2　お腹に余裕の肉が付いて、太ってしまった。
　　3　お金がないので、新しいパソコンを買う余裕はない。
　　4　まだ終わっていない、余裕の宿題を早くやらなければならない。

② 評判
　　1　頭はよかったが、その学生の評判はよくなかった。
　　2　テストで評判が高かった人は、上のクラスに行ける。
　　3　来週、テストがあるという評判は嘘らしい。
　　4　先生が、私の作文の上のところに評判を押してくれた。

7課 言い換え類義

Ⅰ. 言葉を覚えよう ≫

1 動詞、名詞

1-1 言葉

① 鍵を（**交換**する・**取り替**える）	đổi, thay
② 道具を棚に（**戻す**・**返す**）	trả lại, đưa trở về
③ 絵を（**気に入る**・好きになる）	thích, vừa lòng
④ 入学を（**許可**する・**許す**）	cho phép cho phép
⑤ 結婚を（**あきらめる**・やめる）	bỏ cuộc, từ bỏ, thôi
⑥ 最初から（**やり直す**・もう一度する）	làm lại
⑦ 車に（**気を付ける**・注意する）	chú ý, cẩn thận
⑧ 病気で（**苦労**する・大変だ）	gian khổ, chịu khổ
⑨ 仕事が多くて、（**くたびれる**・疲れる）	mệt mỏi, mệt phờ
⑩ （**決まり**・ルール・規則）を守る	quyết định giữ, tuân thủ
⑪ （**プラン**・計画）を立てる	kế hoạch
⑫ （**わけ**・理由）を聞く	lý do
⑬ （**長所**・よいところ）を褒める	sở trường
⑭ （**短所**・**欠点**・悪いところ）がある	sở đoản khuyết điểm
⑮ （**共通点**・同じところ）がある	điểm chung
⑯ いい（**アイデア**・**考え**）がある	ý kiến, ý tưởng ý, suy nghĩ
⑰ （**イメージ**・**印象**）がよくない	ấn tượng ấn tượng
⑱ （**レベル**・**程度**）が低い	trình độ, mức độ trình độ, mức độ
⑲ 普通の（**暮らし**・**生活**）	cuộc sống, sinh hoạt cuộc sống, sinh hoạt
⑳ 文法の（**誤り**・**間違い**）	sai, lỗi, nhầm sai, lỗi, nhầm

1-2 やってみよう 「言葉」から太字の語を選んで、（　）に入れなさい。

(1) 遅れた（　　　　　）を言う。　　(2) 彼の（　　　　　）はすぐに怒ることだ。

(3) 旅行の（　　　　　）を立てる。　(4) 漢字の（　　　　　）を直した。

122 —— 実力養成編　第2部　性質別に言葉を学ぼう

2 形容詞、副詞、オノマトペ

2-1 言葉

① 仕事が（**きつい**・大変だ）	vất vả, cực nhọc
② 熱が高くて、（**苦しい**・**我慢**できない）	khó chịu, đau tức chịu đựng
③ （**短気**な・すぐ怒る）人	nóng tính
④ （**賢い**・頭がいい）子供	thông minh, khôn ngoan
⑤ （**幼い**・小さい）ころからの友達	thơ ấu, ngây thơ
⑥ 答えは（**単純**だ・**シンプル**だ）	đơn thuần, đơn giản đơn giản
⑦ 叱られて、（**当然**だ・**当たり前**だ）	đương nhiên, dĩ nhiên đương nhiên, dĩ nhiên
⑧ （**さっき**・少し前に）聞いた	vừa nãy
⑨ （**この頃**・最近）とても忙しい	dạo này
⑩ （**年中**・いつも）けんかしている	cả năm
⑪ （**突然**・急に）雨が降ってきた	đột nhiên, đột ngột
⑫ （**再び**・もう一度）来る	lại một lần nữa
⑬ （**なるべく**・できるだけ）早くする	hết sức, hết mức, trong phạm vi có thể
⑭ （**絶対に**・必ず）勝つ	tuyệt đối
⑮ 値段が（**相当**・**かなり**）違う	tương đương khá, khá là
⑯ あの兄弟は（**そっくり**だ・よく似ている）	giống nhau, giống như đúc, giống y hệt
⑰ 頭が（**ぼんやり**する・はっきりしない）	mờ ảo, lờ mờ, lơ đãng
⑱ いつも（**にこにこ**している・楽しそうに笑っている）	mỉm cười, cười tủm tỉm

2-2 やってみよう 「言葉」から太字の語を選んで、（ ）に入れなさい。

(1) 勉強していないから、テストの点が悪いのは（ 　　　　　 ）だ。

(2) 何かいいことがあったのか、山田さんが、今日はずっと（ 　　　　　 ）している。

(3) 先生と（ 　　　　　 ）会える日を楽しみにしている。

(4) 前は映画をよく見たけど、（ 　　　　　 ）あまり見ない。

(5) S社のスマホは、A社のスマホと（ 　　　　　 ）だった。

II. 練習しよう ≫

1 意味が近いものを線で結びなさい。

(1)
① 幼い ・　　　・ プラン
② 計画 ・　　　・ 必ず
③ 絶対に ・　　　・ レベル
④ 程度 ・　　　・ 決まり
⑤ ルール ・　　　・ 小さい

(2)
① 取り替える ・　　　・ やめる
② 気を付ける ・　　　・ 疲れる
③ 返す ・　　　・ 交換する
④ あきらめる ・　　　・ 注意する
⑤ くたびれる ・　　　・ 戻す

(3)
① 暮らし ・　　　・ 相当
② 間違い ・　　　・ 誤り
③ かなり ・　　　・ 年中
④ いつも ・　　　・ イメージ
⑤ 印象 ・　　　・ 生活

(4)
① なるべく ・　　　・ できるだけ
② 共通点 ・　　　・ やり直す
③ 少し前に ・　　　・ 同じところ
④ もう一度する ・　　　・ よいところ
⑤ 長所 ・　　　・ さっき

2 助詞「が」「を」「で」「に」「へ」「と」から選んで、（　）に入れなさい。

(1) 両親に反対されて、留学（　　　　）あきらめた。

(2) 日本語を勉強するとき、漢字（　　　　）苦労した。

(3) 使ったら、元の場所（　　　　）戻してください。

(4) 娘は私（　　　　）そっくりだ。

3 ▢ から語を選び、適当な形に変えて（　）に入れなさい。

(1) ① 鈴木君は、授業中、いつも（　　　　　）。

② 父は（　　　　　）ことを言っている。

③ 赤い靴が（　　　　　）ので、すぐに買ってしまった。

> 気に入る
> 当然
> ぼんやり

(2) ① この犬は（　　　　　）ので、私の言う事をよく理解している。

② 林さんはいつも（　　　　　）、怒った顔を見たことがない。

③ 年を取って、力の要る仕事が（　　　　　）なってきた。

> 賢い
> きつい
> にこにこ

(3) ① （　　　　　）事故がなければ、彼は生きていたと思う。

② 森さんは、たくさん食べ過ぎたので、（　　　　　）そうだ。

③ コンピューター室には、（　　　　　）人しか入れない。

> 許可する
> 苦しい
> 突然

124 —— 実力養成編　第2部　性質別に言葉を学ぼう

/12点

III. 実力を試そう ≫

1. ＿＿＿に意味が最も近いものを、1・2・3・4から一つえらびなさい。(1点×12)

① 先生は学生に携帯電話を使うことを許可した。
   1 しないと言った 2 しなければいけないと言った。
   3 してはいけないと言った 4 してもいいと言った

② 山田さんの印象はあまりよくなかった。
   1 イメージ   2 スタイル   3 スピーチ   4 プラン

③ 山中さんは短気な人だったので、みんな困っていた。
   1 すぐ怒る   2 すぐ注意する   3 すぐ病気になる   4 すぐ泣く

④ 絶対に日本に行きたい。
   1 必ず   2 とても   3 なるべく   4 再び

⑤ 「宿題を無くす」というのは、いいかんがえだと思う。
   1 アイデア   2 プラン   3 パターン   4 ルール

⑥ 月がぼんやりと見えていた。
   1 明るく   2 暗く   3 はっきりと   4 はっきりとではなく

⑦ 彼の立てた計画はシンプルだ。
   1 誤り   2 決まり   3 相当   4 単純

⑧ この本を読むと、昔の日本人のくらしについて知ることができる。
   1 共通点   2 苦労   3 欠点   4 生活

⑨ 毎日、漢字の勉強だけをするのは、我慢できない。
   1 あきらめる   2 かしこい   3 くるしい   4 くたびれる

⑩ 私は、おさないとき、よく海に行った。
   1 きつい   2 ちいさい   3 ひまな   4 わかい

⑪ さっき、中山さんに会った。
   1 少し後に   2 大分後に   3 少し前に   4 大分前に

⑫ このカメラはとても高いものなので、気を付けてください。
   1 あきらめて   2 交換して   3 注意して   4 戻して

第7課　言い換え類義 ── 125

8課 語形成

Ⅰ. 言葉を覚えよう ≫

1 複合語

1-1 言葉

① 友達を**見送る**	đưa tiễn
② 計画を**見直す**	xem lại, điều chỉnh
③ 反対意見を**受け入れる**	tiếp nhận, tiếp thu
④ 荷物を**受け取る**	nhận
⑤ 仕事を**引き受ける**	đảm nhận, đảm nhiệm
⑥ 結婚を**申し込む**	cầu hôn, đăng ký, hẹn
⑦ ホテルの予約を**取り消す**	hủy bỏ
⑧ 練習を**繰り返す**	lặp lại
⑨ 掃除を**やり直す**	làm lại
⑩ 気持ちが**落ち着く**	bình tĩnh, tĩnh tâm
⑪ カーテンで部屋を**区切る**	phân chia
⑫ 素晴らしい本に**出会う**	gặp, tình cờ gặp
⑬ 料理が**出来上がる**	hoàn thành, làm xong
⑭ 駅の前を**通り過ぎる**	đi qua
⑮ 二人で将来について**話し合う**	nói chuyện với nhau, trao đổi
⑯ 仕事の**打ち合わせ**をする	cuộc họp, cuộc hẹn
⑰ 先生と駅で**待ち合わせ**をする	cuộc hẹn
⑱ 旅行の**行き先**を決める	điểm đến

1-2 やってみよう 「言葉」から太字の語を選んで、（ ）に入れなさい。

(1) 絵が（　　　　　　）までにあと1週間はかかるだろう。

(2) 部長と来週の予定の（　　　　　　）をすることになった。

(3) 先生に作文を出す前にもう一度（　　　　　　）ことにした。

(4) 田中さんと6時に新宿で（　　　　　　）の約束をしたのに、来なかった。

126 —— 実力養成編 第2部 性質別に言葉を学ぼう

2 ほかの言葉に付くもの

2-1 言葉

① 大〜	大雨、大通り、大掃除	đại ~, ~ to, lớn
大〜	大家族、大問題、大先輩	đại ~, ~ to, lớn
② 各〜	各部屋、各家庭、各大学	các ~
③ 片〜	片方、片足、片側	một ~
④ 全〜	全世界、全試合、全生徒	toàn ~, toàn bộ ~
⑤ 元〜	元社長、元夫、元大統領	nguyên ~, ~ trước
⑥ 翌〜	翌年、翌朝、翌春	~ sau
⑦ 〜毎	半年毎、季節毎、クラス毎	mỗi, hàng ~
⑧ 〜差	3点差、1分差、10円差	chênh lệch nhau ~
⑨ 〜産	北海道産、中国産、外国産	sản xuất tại ~
⑩ 〜着	東京着、10時着、4月7日着	đến ~
⑪ 〜発	大阪発、3時半発、明後日発	xuất phát/khởi hành (lúc, từ) ~
⑫ 〜風	西洋風、田舎風、学生風	kiểu/phong cách ~
⑬ 〜沿い	川沿い、通り沿い、海岸沿い	dọc theo ~
⑭ 〜付き	カメラ付き、家具付き、食事付き	bao gồm ~, đi kèm ~
⑮ 〜引き	100円引き、5%引き、2割引き	giảm giá, khấu trừ ~
⑯ 〜振り	5年振り、1か月振り、3日振り	sau khoảng thời gian ~
⑰ 〜向き	東向き、外向き、反対向き	hướng ~
⑱ 〜行き	京都行き、空港行き、東京方面行き	đi ~

2-2 やってみよう 「言葉」から太字の語を選んで、（　）に入れなさい。

(1) 怪我で（　　　　）手が使えない。　　(2) 窓が北（　　　　）で、部屋が暗い。

(3) 祖父は（　　　　）医者だ。　　(4) 道（　　　　）に店がたくさんある。

(5) 仕事で（　　　　）失敗をした。　　(6) その寺の建物は中国（　　　　）だ。

(7) 動物園（　　　　）のバスがここから出ている。

第8課 語形成 —— 127

II. 練習しよう ≫

1 一緒に使うものを線で結びなさい。

(1) ① 全 ・　　　・ 週、晩、冬　　　　　(2) ① 家、町、1週間 ・　　　・ 産
　　② 大 ・　　　・ 成功、満足、都会　　　　② 空港、明日、京都 ・　　　・ 毎
　　③ 翌 ・　　　・ 人口、問題、学生　　　　③ 日本、沖縄、国内 ・　　　・ 着

(3) ① 手紙、プレゼント、お金を ・　　　・ 区切る
　　② 失敗、戦争、説明を ・　　　・ 受け取る
　　③ 時間、土地、話を ・　　　・ 繰り返す

(4) ① 試合、デート、インタビューを ・　　　・ 取り消す
　　② 交差点、橋、私の横を ・　　　・ 通り過ぎる
　　③ 注文、約束、合格を ・　　　・ 申し込む

2 助詞「が」「を」「で」「に」「へ」「と」「の」から選んで、（　）に入れなさい。

(1) 3年振り（　　　　）国に帰った。　　(2) 寮の各部屋（　　　　）冷蔵庫がある。

(3) 靴を30%引き（　　　　）買えた。　　(4) 野球の試合で2点差（　　　　）負けた。

(5) 電池を反対向き（　　　　）入れてしまった。

(6) ホテル代は朝食付き（　　　　）1泊9,000円だった。

(7) 上野行き（　　　　）電車がまだ来ない。

(8) そのレストランは季節毎（　　　　）メニューが変わる。

(9) 京都で美しい着物の女性（　　　　）出会った。

(10) 日本での生活（　　　　）落ち着いたら、友達にも手紙を書くつもりだ。

3 ＿＿＿の語と意味が近いものを線で結びなさい。

(1) ① アメリカ産の果物は安い。　　　　　　　　　　　・　　　・ a.を出た
　　② ロンドン発の飛行機が1時間も遅れている。　　　・　　　・ b.のような
　　③ 会社員風の男が部屋に入ってきた。　　　　　　　・　　　・ c.で作られた

(2) ① 練習を繰り返すことで、会話は上手になる。　　　・　　　・ a.もう一度する
　　② 問題に間違いがあって、試験をやり直すことになった。・　・ b.相談をする
　　③ 先生に何をプレゼントするか、クラスで話し合うそうだ。・　・ c.何度もする

128 ── 実力養成編　第2部　性質別に言葉を学ぼう

／**10点**

III. 実力を試そう ≫

1. （　）に入れるのに最もよいものを、1・2・3・4から一つえらびなさい。(1点×4)

1 山田さんは頼んだことを何でも（　　）くれる。

　　1　受け取って　　　2　取り替えて　　　3　取り消して　　　4　引き受けて

2 駅の階段で転んで、（　　）怪我をしてしまった。

　　1　大　　　　　　　2　新　　　　　　　3　全　　　　　　　4　最

3 東京へ行くとき、家族が駅まで（　　）に来てくれた。

　　1　見送り　　　　　2　見直し　　　　　3　見舞い　　　　　4　見つかり

4 その絵は横（　　）に置いてください。

　　1　沿い　　　　　　2　引き　　　　　　3　向き　　　　　　4　行き

2. ＿＿＿に意味が最も近いものを、1・2・3・4から一つえらびなさい。(1点×2)

1 私たちはコンサートの前に何度も打ち合わせをした。

　　1　けんか　　　　　2　失敗　　　　　　3　相談　　　　　　4　練習

2 日本に来たのは5年前の12月だが、翌年の4月には大学に入学していた。

　　1　前の年　　　　　2　次の年　　　　　3　1年前　　　　　4　1年後

3. つぎのことばの使い方として最もよいものを、1・2・3・4から一つえらびなさい。(2点×2)

1 受け入れる

　　1　パソコンが壊れて、メールが受け入れられない。

　　2　今日は部屋の掃除は夫が受け入れてくれることになっている。

　　3　日本に来た両親を空港まで受け入れに行った。

　　4　新しい考え方が受け入れられるには時間がかかる。

2 行き先

　　1　旅行のとき、行き先でいろいろなものを買った。

　　2　学校へ行き先に買い物をしなければならない。

　　3　父は行き先も言わないで、どこかへ出かけた。

　　4　大切にしていた時計の行き先がわからなくなった。

第8課　語形成 —— 129

模擬試験
もぎしけん

第1回

/25点

1. （　）に入れるのに最もよいものを、1・2・3・4から一つえらびなさい。(1点×10)

① 彼女はサイフを盗んだことを（　　）。

　　1 あきらめた　　2 ながめた　　3 みとめた　　4 もとめた

② 先生のことは（　　）忘れません。

　　1 偶然　　2 最大　　3 絶対　　4 是非

③ あの店は（　　）がよくない。

　　1 サービス　　2 トラブル　　3 ファッション　　4 レベル

④ この本は読む（　　）があります。

　　1 価値　　2 価格　　3 値段　　4 評価

⑤ （　　）が鳴っているときは、家の中にいたほうがいい。

　　1 雨　　2 嵐　　3 雷　　4 雪

⑥ 山田さんは私のことを（　　）見ていた。

　　1 きらきら　　2 じっと　　3 しんと　　4 ぎりぎり

⑦ 今日は、晴れて、空気もとても（　　）。

　　1 さわやかだ　　2 たかい　　3 むしあつい　　4 おだやかだ

⑧ （　　）を持っていないと、車の運転はできない。

　　1 契約　　2 確認　　3 免許　　4 約束

⑨ 大学のときに（　　）していた友達と久しぶりに会う。

　　1 くるしく　　2 したしく　　3 なつかしく　　4 はげしく

⑩ 来年、結婚することを先生や友達に（　　）した。

　　1 指導　　2 配達　　3 報告　　4 郵送

132 ── 模擬試験

2. ＿＿に意味が最も近いものを、1・2・3・4から一つえらびなさい。(1点×5)

1 歌はあまり得意ではない。
　1 面白くない　　2 好きではない　　3 知らない　　4 上手ではない

2 日本に来た翌年にこの会社に入った。
　1 最初の年　　2 その年　　3 次の年　　4 前の年

3 テストの前にノートをみなおすことにした。
　1 もう一度覚える　　2 もう一度見る　　3 見て覚える　　4 見て直す

4 雪を見ていると、しあわせな気分になる。
　1 貴重な　　2 幸福な　　3 悲しい　　4 楽しい

5 じつは、私はすしが嫌いだ。
　1 思ったことを言うと　　　　2 困ったことを言うと
　3 残念なことを言うと　　　　4 本当のことを言うと

3. つぎのことばの使い方として最もよいものを、1・2・3・4から一つえらびなさい。(2点×5)

1 努力
　1 友達が私に努力してくれたので、試合に勝てた。
　2 次の試合に勝ちたいので、みんな努力している。
　3 ドアが開かないので、強く努力した。
　4 パソコンを使って、作文を努力してください。

2 はかる
　1 友達と今度の日曜日の予定をはかることになった。
　2 朝、8時に起きられるように、時計をはかった。
　3 金曜日の夜の7時にレストランの予約をはかった。
　4 勉強するときは、時計を見て、時間をはかっている。

3 高級

1 東京で一番高級なホテルに泊まった。

2 できるだけ高級な大学に入りたいと思う。

3 森田さんは会社で社長の次に高級な人だ。

4 彼は高級なので、日本語を話すのも上手だ。

4 知り合い

1 来週の予定について知り合いをした。

2 テレビで事故のことを知り合いになった。

3 その町に私の知り合いは住んでいない。

4 インターネットで言葉の知り合いを調べた。

5 バランス

1 彼女は、バランスが暗くて、友達が少ない。

2 この花瓶は、バランスが悪くて、倒れやすい。

3 アパートのバランスが壊れたので、直してもらった。

4 今月はお金を使い過ぎて、銀行のバランスが少ない。

第2回

/25点

1. （　）に入れるのに最もよいものを、1・2・3・4から一つえらびなさい。(1点×10)

① 日本語が（　　）わかるようになった。

　　1　いくら　　　　2　きっと　　　　3　ほっと　　　　4　ほぼ

② 夏休みの間も（　　）勉強してください。

　　1　がっかり　　　2　しっかり　　　3　すっきり　　　4　ぴったり

③ 台風の（　　）が変わったそうだ。

　　1　コース　　　　2　ゴール　　　　3　スケジュール　4　ストーリー

④ 学生の作文を読んで、（　　）を書いた。

　　1　ガイド　　　　2　コメント　　　3　セット　　　　4　マナー

⑤ 1年間、勉強したことは、（　　）にならないと思う。

　　1　無事　　　　　2　無駄　　　　　3　無知　　　　　4　無理

⑥ 卒業（　　）には家族も呼びたい。

　　1　会　　　　　　2　祭　　　　　　3　式　　　　　　4　集

⑦ もっと（　　）辞書が欲しい。

　　1　くわしい　　　2　くやしい　　　3　まずしい　　　4　まぶしい

⑧ 先生の説明を聞いても、（　　）わからなかった。

　　1　結局　　　　　2　突然　　　　　3　せっかく　　　4　間もなく

⑨ 私にもケーキを（　　）おいてください。

　　1　のこして　　　2　のばして　　　3　ゆるして　　　4　よごして

⑩ 彼女は、注意されても、（　　）しなかった。

　　1　禁止　　　　　2　反省　　　　　3　反対　　　　　4　防止

2. ＿＿に意味が最も近いものを、1・2・3・4から一つえらびなさい。(1点×5)

① 田中さんはまっかなシャツを着ていた。
　1 とてもあかい　2 とてもかわいい　3 とてもかるい　4 とてもこい

② 彼はゆたかな家に生まれた。
　1 お金がある　2 家族が多い　3 部屋が多い　4 暖房がある

③ 試験のことを考えると、不安になる。
　1 嫌　2 退屈　3 心配　4 損

④ 子供はみんな、失敗をくりかえしながら大きくなっていきます。
　1 いつもしながら　　　　　2 経験しながら
　3 何度もしながら　　　　　4 反省しながら

⑤ 学校のきまりを覚えてください。
　1 意味　2 規則　3 習慣　4 場所

3. つぎのことばの使い方として最もよいものを、1・2・3・4から一つえらびなさい。(2点×5)

① 割引
　1 夕方、その店に行くと、何でも割引してくれる。
　2 汚いものは、割引して、捨てなければならない。
　3 一つしかなかったので、割引して、二人で食べた。
　4 冬の服は、もう着ないので、割引して、棚にしまった。

② まよう
　1 今日は、母からもらった服をまよっている。
　2 来年、大学に行くかどうか、まよっている。
　3 新しいゲームを買ってきて、一日中まよっている。
　4 お酒を飲み過ぎて、まだ、頭がまよっている。

3 経営

1 友達が誕生日パーティーを経営してくれた。

2 計画を経営するにはお金が必要だ。

3 部長は会議を経営するのが上手だ。

4 将来はレストランを経営したいと思う。

4 いのち

1 赤ちゃんが生まれたので、いのちを付けた。

2 彼は彼女と結婚するいのちだったのだ。

3 社長のいのちは聞かなければならない。

4 早く病院に行かないと、いのちが危険だ。

5 出張

1 自分の意見を出張することが大切だ。

2 宿題を先生に出張するのを忘れた。

3 仕事でフランスに出張することになった。

4 自分が書いた本を出張することになった。

索引

あ

愛 6
相手 2
アイデア 55, 122
アイロン 10
遭う 64
あきらめる 32, 122
飽きる 98
あくび 11
明ける 76
揚げる 14
挙げる 73
預ける 69
汗 25
与える 25, 80
温める 28
当たり前 123
当たる 19, 73, 80
扱う 99
アドバイス(する) 51
アニメ ☆ 33
油 14
あふれる 77
余る 86
怪しい 64, 106
誤り 122
アラーム 90
嵐 76
争う 32
合わせる 37, 73, 90

慌てる 7
案外 110
暗記(する) 47
安定(する) 69, 118

い

胃 ☆ 28
医学部 ☆ 50
息 25
行き先 126
生き物 81
いくら 111
～以後 91
意志 25
医師 54
いじめる 99
異常 29
意地悪(な) 3, 107
イスラム教 ☆ 73
～以前 91
痛み 29
一度に 110
一部 118
一流 33, 118
一致(する) 118
移動(する) 41
いとこ 2
居眠り(する) 46
命 29
違反(する) 103
イベント 72
今にも 111

イメージ(する) 122
いよいよ 111
いらいら(する) 114
祝う 72
印刷(する) 102
印象 122
インターネット 58
引退(する) 103
インテリア 18

う

ウール ☆ 37
ウェブサイト 58
植える 80
浮かぶ 77
うきうき(する) 114
浮く 98
受け入れる 126
受け取る 64, 126
動かす 10
牛 81
失う 54
疑う 6
打ち合わせ 126
撃つ 64
うっかり(する) 114
移す 14
うなずく 98
奪う 64

占い 73
占う 73
売れる 69
運 73
運動会 ☆ 46

え

影響(する) 25
栄養 15, 80
えさ 11, 81
延期(する) 90
演劇 ☆ 33
演奏(する) 33
遠足 ☆ 46

お

お祝い 72
追う 99
応援(する) 32
大～ 127
お菓子 ☆ 15
おかず ☆ 15
贈る 72
起こる 65
幼い 123
おしゃべり(する) 46
おしゃれ(な) 36, 107
お勧め(する) 33
恐ろしい 64, 106
教わる 47

穏やか（な）	107	かかる	29	活動（する）	103	

穏やか（な）　107
落ち着く　3, 126
男っぽい　3
大人しい　3, 106
おにぎり ☆　15
オフィス　55
お見舞い　29
お土産　40
思い切り　110
思いっ切り　110
思い出　40
思いやり　3
およそ　110
オレンジ　37
温泉　40
温度　87

か

蚊　81
〜会　72
絵画 ☆　33
解決（する）　102
開始（する）　32
回収（する）　102
外食（する）　24
回数　86
ガイド（する）　40
解答（する）　50
回復（する）　29
飼う　81
香り　14
画家　33
価格　69
輝く　98

かかる　29
各〜　127
家具　10, 18
学園祭　51
学習（する）　47
隠す　64
確認（する）　50, 58
学年　46
学費　51
確率　76
隠れる　81
影　19
過去　91
囲む　99
重ねる　99
飾り　72
火山　77
家事　10
賢い　123
果実　80
数　81, 86
数える　86
肩 ☆　28
片〜　127
課題　51
語る　99
価値　18
がっかり（する）　7, 114
楽器　33
学期　46
かっこいい　37
かっこ悪い　37
合宿（する）　51

活動（する）　103
活躍（する）　32
悲しみ　33
悲しむ　7
かなり　19, 110, 123
我慢（する）　29, 123
神　73
雷　76
画面　58
かゆい　106
からから　15
がらがら　115
カロリー　24
皮　14
革 ☆　37
可愛がる　11, 99
代わる　98
ガン　29
考え　122
感覚　119
歓迎（する）　102
観光（する）　40
看護師　54
観察（する）　81
感じ　28
感謝（する）　7
感情　7, 33
感じる　6, 7
関心　36, 119
完成（する）　18
完全（な）　29
感想　33
乾燥（する）　76

感動（する）　7, 40, 119
監督（する）　33
乾杯（する）　15
管理（する）　102

き

記憶（する）　40
気温　76, 87
着替える　36
期間　90
企業　54
効く　98
期限　90
記者　54
傷　19, 28
基礎　47
期待（する）　32
帰宅（する）　11
貴重（な）　81
きちんとした　3, 37
きつい　36, 55, 106, 123
ぎっしり　115
気に入る　36, 122
記念品　72
希望（する）　7
基本　58, 119
決まり　122
疑問　47
キャンセル（する）　40
休暇　40
休憩（する）　40

索引 — 139

きゅうしょく
給食　46

きゅうりょう
給料　55

きょうかしょ
教科書 ☆　50

きょうし
教師　54

ぎょうじ
行事　72

きょうじゅ
教授(する)　51

きょうつうてん
共通点　122

きょうふ
恐怖(する)　7

きょうりょく
協力(する)　103

きょか
許可(する)　122

きょり
距離　19, 86

きらきら(する)　115

ぎりぎり　115

きょう
キリスト教 ☆　73

き
切れる　11, 59, 90

きろく
記録(する)　32, 86

き　つ
気を付ける　65, 122

きんえん
禁煙(する)　25

きんし
禁止(する)　81

きんちょう
緊張(する)　118

きんにく
筋肉　25

く

く
食う　99

ぐうぜん
偶然　110

く　ぎ
区切る　126

くさ
腐る　14

くたびれる　41, 122

ぐっすり　114

くっつく　98

くば
配る　46, 55

くび
首になる　54

くや
悔しい　32, 106

ぐらぐら(する)　115

く
暮らし　122

く
暮らす　51

クラブ　46

クリーム　24

く　かえ
繰り返す　126

クリスマス　72

クリック(する)　58

くる
苦しい　25, 123

くる
苦しむ　29

く　ろう
苦労(する)　122

くわ
加える　14, 87

くわ
詳しい　40, 106

ぐんぐん　115

くんれん
訓練(する)　102

け

けいえい
経営(する)　102

けい　き
景気　69

けいざいがく ぶ
経済学部 ☆　50

けいさん
計算(する)　50, 87

げいじゅつ
芸術　33

けいたいでん わ
携帯電話　11, 59

けいやく
契約(する)　55

け しょう
化粧(する)　11, 24

けず
削る　28

けっ か
結果　50

けっきょく
結局　111

けっこんしき
結婚式　73

けっせき
欠席(する)　46

けってん
欠点　122

げ ひん
下品(な)　107

け
蹴る　32

けんこう
健康　25

けんさ
検査(する)　29, 41

げんざい
現在　91

げんじつ
現実　119

けんせつ
建設(する)　18

げんだい
現代　91

けんちく
建築(する)　18

けん り
権利　68

こ

こい
恋　6

こ
濃い　14, 24, 37

こいびと
恋人　2

こううん
幸運(な)　73

こう か
効果　24

ごうかく
合格(する)　50

こうかん
交換(する)　103, 122

こうきゅう
高級(な)　15, 37

こうくうびん
航空便 ☆　59

ごうけい
合計(する)　87

こうげき
攻撃(する)　68

こう じ
工事(する)　18

こうどう
行動(する)　103

こうはい
後輩　51

こうふく
幸福(な)　73

こうへい
公平(な)　68

こう む いん
公務員　54

こ
超える　76

コース　32

コート ☆　37

ゴール(する)　32

こ きょう
故郷　77

こく ご
国語 ☆　47

こくさいせん
国際線　41

こくないせん
国内線　41

こくみん
国民　68

こくりつ
国立　50

こし
腰 ☆　28

こ すう
個数　86

ごちゃごちゃ(する)　115

こっせつ
骨折(する)　65

こっそり　114

～ごと
～毎　127

こ ども
子供っぽい　3

ことわ
断る　6

この ごろ
この頃　123

この
好む　99

コメント(する)　51

ごろごろ(する)　114

ころ
殺す　64

ころ
転ぶ　65

こんかい
今回　91

コンクール ☆　33

こんざつ
混雑(する)　41, 118

こんらん
混乱(する)　118

さ

～さ
～差　127

サークル　51

サービス(する)　58

さいこう
最高　87

さいしゅう
最終　118

さいしょう
最小　87

さいしん
最新　36, 118

サイズ 36, 87	シーズン 72	支払い <small>しはら</small> 15	～畳 <small>じょう</small> 19
再生（する） <small>さいせい</small> 59	シートベルト ⭐ 41	支払う <small>しはら</small> 99	仕様（しょう）がない <small>しよう</small> 106
最大 <small>さいだい</small> 87	ジーンズ ⭐ 37	しばらく 111	上級 <small>じょうきゅう</small> 47
最低 <small>さいてい</small> 87	しいんと（する） 115	縛る <small>しば</small> 99	正直（な） <small>しょうじき</small> 3
サイト 58	次回 <small>じかい</small> 91	しまう 10	少々 <small>しょうしょう</small> 87
才能 <small>さいのう</small> 33	資格 <small>しかく</small> 54	自慢（する） <small>じまん</small> 3	少数 <small>しょうすう</small> 87
材料 <small>ざいりょう</small> 14	四季 <small>しき</small> 76	地味（な） <small>じみ</small> 37, 107	状態 <small>じょうたい</small> 29
作業（する） <small>さぎょう</small> 55	～式 <small>しき</small> 72	ジム ⭐ 25	冗談 <small>じょうだん</small> 3
昨年 <small>さくねん</small> 91	時期 <small>じき</small> 90	示す <small>しめ</small> 99	商店街 <small>しょうてんがい</small> 19
作品 <small>さくひん</small> 33	時給 <small>じきゅう</small> 55	社員 <small>しゃいん</small> 54	商品 <small>しょうひん</small> 55
叫ぶ <small>さけ</small> 98	事件 <small>じけん</small> 64	社会学部 ⭐ <small>しゃかいがく ぶ</small> 50	上品（な） <small>じょうひん</small> 37
刺す <small>さ</small> 81	時刻 <small>じこく</small> 90	借金（する） <small>しゃっきん</small> 69	少量 <small>しょうりょう</small> 87
指す <small>さ</small> 99	指示（する） <small>しじ</small> 55	しゃべる 59	初級 <small>しょきゅう</small> 47
誘う <small>さそ</small> 6	自信 <small>じしん</small> 24, 119	修学旅行 ⭐ <small>しゅうがくりょこう</small> 46	ジョギング ⭐ 25
作家 <small>さっか</small> 33	沈む <small>しず</small> 76	宗教 <small>しゅうきょう</small> 73	職業 <small>しょくぎょう</small> 54
さっき 111, 123	姿勢 <small>しせい</small> 24	集合（する） <small>しゅうごう</small> 41	職人 <small>しょくにん</small> 54
早速 <small>さっそく</small> 110	自然 <small>しぜん</small> 81	就職（する） <small>しゅうしょく</small> 54	食費 <small>しょく ひ</small> 15
さっぱり（する） 115	舌 <small>した</small> 15	渋滞（する） <small>じゅうたい</small> 41	植物 <small>しょくぶつ</small> 80, 81
砂漠 <small>さ ばく</small> 77	自宅 <small>じ たく</small> 18	重大（な） <small>じゅうだい</small> 64	食欲 <small>しょくよく</small> 28
覚める <small>さ</small> 11	親しい <small>した</small> 2, 106	週末 <small>しゅうまつ</small> 91	食器 <small>しょっ き</small> 10
冷める <small>さ</small> 98	試着（する） <small>し ちゃく</small> 36	修理（する） <small>しゅう り</small> 10	女優 <small>じょゆう</small> 33
猿 <small>さる</small> 81	しっかり（する） 115	授業料 <small>じゅぎょうりょう</small> 51	書類 <small>しょるい</small> 55, 59
爽やか（な） <small>さわ</small> 76	実験（する） <small>じっけん</small> 51	受験（する） <small>じゅけん</small> 50	知り合い <small>し あ</small> 2
～産 <small>さん</small> 127	実現（する） <small>じつげん</small> 68	手術（する） <small>しゅじゅつ</small> 29	知り合う <small>し あ</small> 6
参加（する） <small>さん か</small> 51, 72	しつこい 14, 106	首相 <small>しゅしょう</small> 68	私立 <small>し りつ</small> 50
残業（する） <small>ざんぎょう</small> 55	実際 <small>じっさい</small> 118	主張（する） <small>しゅちょう</small> 103	資料 <small>し りょう</small> 55
参考 <small>さんこう</small> 119	実際に <small>じっさい</small> 110	出勤（する） <small>しゅっきん</small> 55	じろじろ 114
参考書 ⭐ <small>さんこうしょ</small> 50	湿度 <small>しつ ど</small> 76	出場（する） <small>しゅつじょう</small> 32	しわ 24
賛成（する） <small>さんせい</small> 103	じっと（する） 114	出身 <small>しゅっしん</small> 119	進学（する） <small>しんがく</small> 50
サンダル ⭐ 37	実は <small>じつ</small> 110	出張（する） <small>しゅっちょう</small> 103	信号 <small>しんごう</small> 41, 65
し	実力 <small>じつりょく</small> 47	出版（する） <small>しゅっぱん</small> 102	信じる <small>しん</small> 73
幸せ（な） <small>しあわ</small> 73	指導（する） <small>しどう</small> 51	種類 <small>しゅるい</small> 80	親戚 <small>しんせき</small> 2
		順番 <small>じゅんばん</small> 28	新鮮（な） <small>しんせん</small> 80
		使用（する） <small>しよう</small> 103	

索引 —— 141

心臓 ⭐ 28
しんと（する） 115
シンプル（な） 37, 123
進歩（する） 103
深夜 55
親友 2
信頼（する） 68

す

スイッチ 58
睡眠 11
数字 58
末っ子 2
救う 29
少なくとも 110
スケジュール 55
過ごす 72, 99
スタイル 24, 36
スタッフ 54
頭痛 118
すっかり 115
すっきり（する） 18
酸っぱい 14
素敵（な） 37, 107
ストーリー 33
ストッキング ⭐ 37
素直（な） 3
スピーチ（する） 47
スピード 41, 65
スペース 18
すべて 87, 110
鋭い 106

せ

性格 3
生活 122
税金 69
清潔（な） 28
制限（する） 24
成功（する） 29
制作（する） 102
政治家 54
成人（する） 72
成績 47
製造（する） 102
成長 80
生年月日 54
政府 68
整理（する） 55
責任 68
せっかく 110
積極 119
積極的（な） 3
設計（する） 18
絶対に 123
セット（する） 90
節約（する） 69
ゼミ 51
全〜 127
全員 87
前回 91
選挙（する） 68
〜前後 91
洗剤 10
前日 91
選手 32

そ

〜沿い 127
葬式 73
掃除機 10
想像（する） 102
相当（な） 123
送料 ⭐ 59
速達 59
速度 41
育つ 80
卒業論文 51
そっくり（な） 2, 115, 123
そっと（する） 114
卒論 51
袖 36
そろそろ 111
損（な） 69
存在（する） 103

た

大〜 127
体育 ⭐ 47
体育祭 ⭐ 46
ダイエット（する） ⭐ 25
体温 28
大会 46
大学院 50
退屈（な）（する） 11
台数 86

た

体操（する） 25
体調 28
態度 6
大統領 68
代表（する） 32
逮捕（する） 64
太陽 76
大陸 77
大量 87
体力 25
滝 77
宅配便 ⭐ 59
確か 110
確かめる 50
多少 110
多数 87
助かる 29
助ける 29
ただ 69
戦う 68
たたく 6
畳む 10
建つ 18
経つ 90
たっぷり 87, 115
種 80
だます 64
たまに 110
たまる 98
黙る 98
試す 47
頼る 98
だらしない 3
短期 90

142 ── 索引

<ruby>短気<rt>たん き</rt></ruby>（な） 123	**つ**	<ruby>伝統<rt>でんとう</rt></ruby> 72, 119	とんでもない 106
<ruby>単語<rt>たん ご</rt></ruby> 47	ツアー 40	**と**	**な**
<ruby>単純<rt>たんじゅん</rt></ruby>（な） 33, 123	<ruby>追加<rt>つい か</rt></ruby>（する） 15	～<ruby>頭<rt>とう</rt></ruby> 81	<ruby>内緒<rt>ないしょ</rt></ruby> 25
<ruby>短所<rt>たんしょ</rt></ruby> 122	ついに 111	<ruby>当日<rt>とうじつ</rt></ruby> 91	<ruby>内容<rt>ないよう</rt></ruby> 47
<ruby>誕生<rt>たんじょう</rt></ruby>（する） 72	<ruby>通学<rt>つうがく</rt></ruby>（する） 46	どうしても 111	<ruby>仲<rt>なか</rt></ruby> 2
ち	<ruby>通勤<rt>つうきん</rt></ruby>（する） 55	<ruby>当然<rt>とうぜん</rt></ruby> 123	<ruby>仲間<rt>なか ま</rt></ruby> 2
<ruby>地域<rt>ち いき</rt></ruby> 77	<ruby>疲<rt>つか</rt></ruby>れ 11	<ruby>到着<rt>とうちゃく</rt></ruby>（する） 41	<ruby>眺<rt>なが</rt></ruby>める 77
チーム 32	～<ruby>付<rt>つ</rt></ruby>き 19, 127	とうとう 111	<ruby>流<rt>なが</rt></ruby>れる 77
チェック（する） 58	<ruby>付<rt>つ</rt></ruby>き<ruby>合<rt>あ</rt></ruby>い 6	<ruby>投票<rt>とうひょう</rt></ruby>（する） 68	<ruby>殴<rt>なぐ</rt></ruby>る 64
チェックイン （する） 41	<ruby>付<rt>つ</rt></ruby>き<ruby>合<rt>あ</rt></ruby>う 6	<ruby>道路<rt>どう ろ</rt></ruby> 41, 65	～なし 19
<ruby>地下<rt>ち か</rt></ruby> 18	<ruby>付<rt>つ</rt></ruby>く 19	<ruby>通<rt>とお</rt></ruby>り<ruby>過<rt>す</rt></ruby>ぎる 126	<ruby>懐<rt>なつ</rt></ruby>かしい 77, 106
<ruby>近付<rt>ちか づ</rt></ruby>く 76	<ruby>就<rt>つ</rt></ruby>く 54	<ruby>都会<rt>と かい</rt></ruby> 77	<ruby>鍋<rt>なべ</rt></ruby> 14
<ruby>地区<rt>ち く</rt></ruby> 19	<ruby>造<rt>つく</rt></ruby>る 18	どきどき（する） 114	<ruby>生<rt>なま</rt></ruby> 14
チケット ⭐ 41	つながる 59	<ruby>得意<rt>とく い</rt></ruby>（な） 46	<ruby>涙<rt>なみだ</rt></ruby> 11
<ruby>遅刻<rt>ち こく</rt></ruby>（する） 11, 46	つぶれる 69	<ruby>独身<rt>どくしん</rt></ruby> 6	<ruby>悩<rt>なや</rt></ruby>む 7
<ruby>知識<rt>ち しき</rt></ruby> 47	<ruby>罪<rt>つみ</rt></ruby> 64	<ruby>閉<rt>と</rt></ruby>じる 58	<ruby>習<rt>なら</rt></ruby>う 47
<ruby>地方<rt>ち ほう</rt></ruby> 77	<ruby>梅雨<rt>つ ゆ</rt></ruby> 76	<ruby>土地<rt>と ち</rt></ruby> 18	なるべく 123
～<ruby>着<rt>ちゃく</rt></ruby> 127	**て**	<ruby>突然<rt>とつぜん</rt></ruby> 91, 123	<ruby>何<rt>なん</rt></ruby>で 111
<ruby>中級<rt>ちゅうきゅう</rt></ruby> 47	<ruby>出会<rt>で あ</rt></ruby>う 6, 126	トップ 32	**に**
<ruby>中心<rt>ちゅうしん</rt></ruby> 19	<ruby>定価<rt>てい か</rt></ruby> 69	<ruby>届<rt>とど</rt></ruby>く 59	<ruby>似合<rt>に あ</rt></ruby>う 36
<ruby>中年<rt>ちゅうねん</rt></ruby> 25	<ruby>定期<rt>てい き</rt></ruby> 11	とにかく 110	<ruby>逃<rt>に</rt></ruby>がす 81
<ruby>注目<rt>ちゅうもく</rt></ruby>（する） 103	<ruby>停止<rt>てい し</rt></ruby>（する） 103	<ruby>飛<rt>と</rt></ruby>び<ruby>出<rt>だ</rt></ruby>す 65	<ruby>苦手<rt>にが て</rt></ruby>（な） 46
<ruby>注文<rt>ちゅうもん</rt></ruby>（する） 15	<ruby>提出<rt>ていしゅつ</rt></ruby>（する） 51	ともかく 110	<ruby>握<rt>にぎ</rt></ruby>る 99
<ruby>長期<rt>ちょう き</rt></ruby> 90	<ruby>程度<rt>てい ど</rt></ruby> 122	ドライブ 41	にこにこ（する） 114, 123
<ruby>調査<rt>ちょう さ</rt></ruby>（する） 65	デート（する） 6	トラブル 64	<ruby>虹<rt>にじ</rt></ruby> 76
<ruby>調子<rt>ちょう し</rt></ruby> 10	<ruby>出来上<rt>で き あ</rt></ruby>がる 126	<ruby>取<rt>と</rt></ruby>り<ruby>消<rt>け</rt></ruby>す 126	<ruby>日時<rt>にち じ</rt></ruby> 90
<ruby>長所<rt>ちょうしょ</rt></ruby> 122	デザイン（する） 18, 36	<ruby>努力<rt>どりょく</rt></ruby>（する） 50	にっこり（する） 114
<ruby>長女<rt>ちょうじょ</rt></ruby> 2	<ruby>徹夜<rt>てつ や</rt></ruby>（する） 50	<ruby>採<rt>と</rt></ruby>る 80	<ruby>日中<rt>にっちゅう</rt></ruby> 90
<ruby>朝食<rt>ちょうしょく</rt></ruby> 11	デモ 68	<ruby>捕<rt>と</rt></ruby>る 81	<ruby>日程<rt>にってい</rt></ruby> 90
<ruby>長男<rt>ちょうなん</rt></ruby> 2	<ruby>電源<rt>でんげん</rt></ruby> 59	トレーニング （する） 32	<ruby>鈍<rt>にぶ</rt></ruby>い 106
<ruby>貯金<rt>ちょきん</rt></ruby>（する） 69	<ruby>電池<rt>でん ち</rt></ruby> 11	ドレス 37	
<ruby>散<rt>ち</rt></ruby>る 80			

入社(する) 54
入力(する) 58
煮る 14
鶏 81
人気 33
人数 86

ぬ

抜く 28

ね

願う 73
値下げ(する) 69
年間 90
年中 123
年末年始 72

の

農業 77
残す 15, 59
望む 7
伸ばす 24
延ばす 99
伸びる 80
のろのろ 41, 114
のんびり(する) 40

は

～パーセント 76
～倍 86
灰色 37
配達(する) 59
俳優 33

パイロット 54
生える 98
墓 73
測る 28, 86
量る 86
拍手(する) 72
爆発(する) 77
激しい 76, 106
パジャマ ☆ 36
パス(する) 50
パスポート ☆ 41
パスワード 58
肌 24
～発 127
発見(する) 29
発達(する) 118
発展(する) 103
発表(する) 50
発明(する) 102
派手(な) 37, 107
話し合う 126
離れる 77
腹が立つ 7
ばらばら 115
バランス 15
反省(する) 102
判断(する) 102
パンツ ☆ 37
犯人 64
販売(する) 55

ひ

日当たり 19
被害 64, 119

ぴかぴか(する) 115
～引き 127
引き受ける 126
ひく 65
膝 ☆ 28
びっくり(する) 7
日付 90
引っ越し(する) 19
ぴったり 36, 115
一人暮らし 51
一人っ子 2
批判(する) 68
秘密 119
冷やす 28
美容院 24
評価(する) 102
表現(する) 33
表示(する) 58
平等(な) 68
評判 119
広がる 77
ピンク 37

ふ

～部 46
ファイル 58
ファックス(する) 59
ファッション 36
不安(な) 7
～風 127
風景 40
ブーツ ☆ 37

夫婦 2
拭く 10
服装 37
不合格 50
無事(な) 41, 107
防ぐ 28, 65
不足(する) 86, 118
双子 2
再び 123
普段 25
物価 69
ぶつかる 65
仏教 ☆ 73
船便 ☆ 59
不満(な) 7
増やす 86
フライパン ☆ 14
プラス(する) 87
ふらふら(する) 114
プラン 122
～振り 127
プリント(する) 46
振る 6
ふるさと 77
ブレーキ 65
プロ 33
雰囲気 24
文学部 ☆ 50
文化祭 ☆ 46

へ

平気(な) 107
平均(する) 87, 119

へいじつ 平日	91	**ま**	**み**
へいわ 平和(な)	73		
ぺこぺこ	15	マイナス(する) 87	ミーティング 55
べつ 別に	111	マウス 58	みおく 見送る 126
へ 減らす	86	まご 孫 2	ミス(する) 50
ぺらぺら(な)	114	まさか 111	みずうみ 湖 77
へ 減る	81, 86	(〜が)増す 86	みずぎ 水着 ✪ 36
へんか 変化(する)	103	(〜を)増す 86	みっともない 24
べんごし 弁護士	54	マスク 28	みと 認める 64
		マスコミ 68	みなお 見直す 50, 126
ほ		まず 貧しい 69, 106	みらい 未来 73, 91
ほうがくぶ 法学部 ✪	50	マスター(する) 58	
ほうこく 報告(する)	103	ま 混ぜる 14	**む**
ぼうし 防止(する)	102	ま 待ち合わせ 126	む 向かう 98
ほうちょう 包丁 ✪	14	まちが 間違い 122	〜向き 19, 127
ほうふ 豊富(な)	80	まちが 間違う 50	むく 14
ほうもん 訪問(する)	102	ま あか 真っ赤(な) 37	むし 無視(する) 65
ボーナス	55	ま くろ 真っ黒(な) 37	むじ 無地 37
ホームページ	58	ま しろ 真っ白(な) 37	む あつ 蒸し暑い 76
ボール	32	まったく 24, 110	むす 結ぶ 24, 55
ぼしゅう 募集(する)	54	まとめる 58	む だ 無駄(な) 25
ほぞん 保存(する)	14	マナー 15, 59	むちゅう 夢中(な) 107, 119
ボタン	58	まな 学ぶ 47	むね 胸 ✪ 28
ほっと(する)	114	まぶしい 76, 106	むらさき 紫 37
ほどう 歩道	65	ま 間もなく 91, 111	むりょう 無料 69
ほね 骨	65	まも 守る	
ほぼ	29	6, 59, 68, 81 122	**め**
ぼろぼろ	115	まよ 迷う 7, 40	
ほんしゃ 本社	55	まるで 111	め 芽 80
ほんやく 翻訳(する)	103	まんいん 満員 41	めいぶつ 名物 40
ぼんやり(する)		マンション 18	めいわく 迷惑(な) 107
	123	まんぞく 満足(な)(する) 7	メール 58
		まんてん 満点 47	めざ 目指す 99
			めざ 目覚まし 90
			めざ どけい 目覚まし時計 90

めだ 目立つ 98
めちゃくちゃ(な) 115
メッセージ 59
メニュー 15
めん 綿 ✪ 37
めんきょ 免許 54
めんせき 面積 86
めんせつ 面接(する) 54
めんどう 面倒(な) 119
めんどうくさ 面倒臭い 10

も
もう こ 申し込む 40, 126
もうふ 毛布 11
も 燃える 98
もじ 文字 58
もしかしたら 111
もしも 111
もったいない 106
モデル 54
もと 元〜 127
もど 戻す 122
もと 求める 99
もよう 模様 37
もんく 文句 11
もんだいしゅう 問題集 ✪ 50

や
やかん 夜間 90
やけど 火傷(する) 15, 28
やちん 家賃 19
やっきょく 薬局 28
やね 屋根 18

索引 ── 145

破る	やぶる	6, 32
辞める	やめる	54
やり直す	やりなおす	122, 126
軟らかい	やわらかい	14

ゆ

勇気	ゆうき	3
優勝(する)	ゆうしょう	32
友人	ゆうじん	2
郵送(する)	ゆうそう	59
郵便	ゆうびん	59
郵便番号 ⭐	ゆうびんばんごう	59
ユーモア		3
床	ゆか	10, 19
浴衣 ⭐	ゆかた	36
〜行き	〜ゆき	127
豊か(な)	ゆたか	69, 107
緩い	ゆるい	36
許す	ゆるす	6, 122

よ

酔う	よう	15, 41
容器	ようき	14
様子	ようす	64
ようやく		111
ヨガ ⭐		25
翌〜	よく〜	127
翌日	よくじつ	91
翌年	よくねん	91
汚す	よごす	10
汚れ	よごれ	10
予算	よさん	40
余裕	よゆう	86, 118
喜び	よろこび	33

ら

楽(な)	らく	55, 107
ラッキー(な)		73
乱暴(な)(する)	らんぼう	3, 107

り

リーダー		68
理科 ⭐	りか	47
理解(する)	りかい	47
理工学部 ⭐	りこうがくぶ	50
離婚(する)	りこん	6
リサイクル(する)		10
理想	りそう	119
留学(する)	りゅうがく	51
流行(する)	りゅうこう	36, 118
量	りょう	24, 86
寮	りょう	51
両替(する)	りょうがえ	40
料金	りょうきん	69
リラックス(する)		40
履歴書	りれきしょ	54

れ

レベル		47, 87, 122
連絡(する)	れんらく	59

わ

〜羽	〜わ	81
わがまま(な)		3, 107
わくわく(する)		114
わけ		122
わざと		110
割引(する)	わりびき	69
ワンピース ⭐		36

146 —— 索引

著者

伊能裕晃　東京学芸大学留学生センター特任准教授
本田ゆかり　東京外国語大学大学院総合国際学研究院特別研究員、博士（学術）
来栖里美　エース語学学院専任講師
前坊香菜子　NPO 法人日本語教育研究所研究員
　　　　　　高崎経済大学、聖学院大学、武蔵野大学非常勤講師

翻訳

NGUYỄN PHƯƠNG CHI（グェン・フォン・チ）

ベトナム語校正

LÊ LỆ THỦY（レー・レ・トゥイ）

イラスト

山本和香

装丁・本文デザイン

糟谷一穂

新完全マスター語彙　日本語能力試験 N3
ベトナム語版

2018 年 2 月 15 日　初版第 1 刷発行
2021 年 8 月 3 日　第 4 刷 発 行

著　者　　伊能裕晃　本田ゆかり　来栖里美　前坊香菜子
発行者　　藤嵜政子
発　行　　株式会社スリーエーネットワーク
　　　　　〒102-0083　東京都千代田区麹町 3 丁目 4 番
　　　　　　　　　　　トラスティ麹町ビル 2F
　　　　　電話　営業　03（5275）2722
　　　　　　　　編集　03（5275）2725
　　　　　https://www.3anet.co.jp/
印　刷　　萩原印刷株式会社

ISBN978-4-88319-765-1　C0081
落丁・乱丁本はお取替えいたします。
本書の全部または一部を無断で複写複製（コピー）することは著作権
法上での例外を除き、禁じられています。

■ 新完全マスターシリーズ

●新完全マスター漢字
日本語能力試験N1
　1,320円(税込)〔ISBN978-4-88319-546-6〕
日本語能力試験N2（CD付）
　1,540円(税込)〔ISBN978-4-88319-547-3〕
日本語能力試験N3
　1,320円(税込)〔ISBN978-4-88319-688-3〕
日本語能力試験N3 ベトナム語版
　1,320円(税込)〔ISBN978-4-88319-711-8〕
日本語能力試験N4
　1,320円(税込)〔ISBN978-4-88319-780-4〕

●新完全マスター語彙
日本語能力試験N1
　1,320円(税込)〔ISBN978-4-88319-573-2〕
日本語能力試験N2
　1,320円(税込)〔ISBN978-4-88319-574-9〕
日本語能力試験N3
　1,320円(税込)〔ISBN978-4-88319-743-9〕
日本語能力試験N3 ベトナム語版
　1,320円(税込)〔ISBN978-4-88319-765-1〕
日本語能力試験N4
　1,320円(税込)〔ISBN978-4-88319-848-1〕

●新完全マスター読解
日本語能力試験N1
　1,540円(税込)〔ISBN978-4-88319-571-8〕
日本語能力試験N2
　1,540円(税込)〔ISBN978-4-88319-572-5〕
日本語能力試験N3
　1,540円(税込)〔ISBN978-4-88319-671-5〕
日本語能力試験N3 ベトナム語版
　1,540円(税込)〔ISBN978-4-88319-722-4〕
日本語能力試験N4
　1,320円(税込)〔ISBN978-4-88319-764-4〕

●新完全マスター単語
日本語能力試験N1 重要2200語
　1,760円(税込)〔ISBN978-4-88319-805-4〕
日本語能力試験N2 重要2200語
　1,760円(税込)〔ISBN978-4-88319-762-0〕

日本語能力試験N3 重要1800語
　1,760円(税込)〔ISBN978-4-88319-735-4〕

●新完全マスター文法
日本語能力試験N1
　1,320円(税込)〔ISBN978-4-88319-564-0〕
日本語能力試験N2
　1,320円(税込)〔ISBN978-4-88319-565-7〕
日本語能力試験N3
　1,320円(税込)〔ISBN978-4-88319-610-4〕
日本語能力試験N3 ベトナム語版
　1,320円(税込)〔ISBN978-4-88319-717-0〕
日本語能力試験N4
　1,320円(税込)〔ISBN978-4-88319-694-4〕
日本語能力試験N4 ベトナム語版
　1,320円(税込)〔ISBN978-4-88319-725-5〕

●新完全マスター聴解
日本語能力試験N1（CD付）
　1,760円(税込)〔ISBN978-4-88319-566-4〕
日本語能力試験N2（CD付）
　1,760円(税込)〔ISBN978-4-88319-567-1〕
日本語能力試験N3（CD付）
　1,650円(税込)〔ISBN978-4-88319-609-8〕
日本語能力試験N3 ベトナム語版（CD付）
　1,650円(税込)〔ISBN978-4-88319-710-1〕
日本語能力試験N4（CD付）
　1,650円(税込)〔ISBN978-4-88319-763-7〕

■ 読解攻略！日本語能力試験N1レベル
1,540円(税込)
〔ISBN978-4-88319-706-4〕

■ 日本語能力試験模擬テスト

●日本語能力試験N1 模擬テスト
〈1〉〔ISBN978-4-88319-556-5〕
〈2〉〔ISBN978-4-88319-575-6〕
〈3〉〔ISBN978-4-88319-631-9〕
〈4〉〔ISBN978-4-88319-652-4〕

●日本語能力試験N2 模擬テスト
〈1〉〔ISBN978-4-88319-557-2〕
〈2〉〔ISBN978-4-88319-576-3〕
〈3〉〔ISBN978-4-88319-632-6〕
〈4〉〔ISBN978-4-88319-653-1〕

●日本語能力試験N3 模擬テスト
〈1〉〔ISBN978-4-88319-841-2〕
〈2〉〔ISBN978-4-88319-843-6〕

CD付　各冊990円(税込)

スリーエーネットワーク

ウェブサイトで新刊や日本語セミナーをご案内しております。
https://www.3anet.co.jp/

新完全マスター 語彙 N3

日本語能力試験
ベトナム語版

別冊(べっさつ)

解答(かいとう)

スリーエーネットワーク

実力養成編　第1部　話題別に言葉を学ぼう

1課　人間関係1：家族と友達、性格　　　　　　　　　　P2～P5

I. 言葉を覚えよう ≫

1-3 　(1) 一人っ子　(2) 仲　(3) 末っ子　(4) そっくり　(5) 親しい　(6) 孫

2-3 　(1) ユーモア　(2) 子供っぽい　(3) 冗談　(4) だらしない　(5) 自慢　(6) 性格

II. 練習しよう ≫

1 (1) 長男　(2) 夫婦　(3) 男っぽい　(4) 親戚　(5) いとこ

2 (1) 正直　(2) 素直　(3) きちんとした　(4) 積極的　(5) わがまま

3 (1) a　(2) b　(3) b　(4) b　(5) a

4 (1)①c　②a　③b　(2)①a　②b　③c

5 ①おちついた (落ち着いた)　②こどもっぽい (子供っぽい)

③おもいやり (思いやり)　④おとなしい (大人しい)　⑤じょうだん (冗談)

⑥なか (仲)　⑦ふうふ (夫婦)　⑧わがままな　⑨だらしない

2課　人間関係2：付き合い、気持ち　　　　　　　　　　P6～P9

I. 言葉を覚えよう ≫

1-3 　(1) 誘う　(2) 独身　(3) たたく　(4) 離婚　(5) 態度

2-3 　(1) 不安　(2) 感謝　(3) 不満　(4) 希望　(5) 満足

II. 練習しよう ≫

1 (1) 迷う　(2) 腹が立つ　(3) 恐怖　(4) びっくり　(5) がっかり

2 (解答例)　(2)→(1)→(3)→(5)→(9)→(4)→(8)→(6)→(7)

3 (1) びっくり　(2) 慌てて　(3) 断る　(4) 望んで／希望して

4 (1)①c　②b　③a　(2)①b　②c　③a

5 ①きぼう (希望)　②ふあん (不安)　③びっくり　④のぞんで (望んで)

⑤なやんだ (悩んだ)　⑥であった (出会った)　⑦かんしゃ (感謝)

⑧まんぞく (満足)

3課　生活1：毎日の生活　　　　　　　　　　P10～P13

I. 言葉を覚えよう ≫

1-3 　(1) アイロン　(2) 床　(3) 汚す　(4) リサイクル　(5) 動かす　(6) 家事

2-3 (1) えさ　(2) あくび　(3) 帰宅（きたく）　(4) 電池（でんち）　(5) 涙（なみだ）

II. 練習しよう（れんしゅう）≫

1 （解答例（かいとうれい））

(1) 食器（しょっき）を洗（あら）わなければならない。

(2) 掃除機（そうじき）をかけなければならない。

(3) テーブルを拭（ふ）かなければならない。

(4) 布団（ふとん）を畳（たた）まなければならない。

(5) 服（ふく）をしまわなければならない。

2 (1) 修理（しゅうり）　(2) 退屈（たいくつ）　(3) 覚（さ）めた　(4) 調子（ちょうし）　(5) 家具（かぐ）

3 (1) b　(2) a　(3) b　(4) b　(5) a

4 (1) ①c　②a　③b　(2) ①b　②c　③a

5 ①さめて（覚めて）　②すいみん（睡眠）　③あくび　④もうふ（毛布）

　⑤きたく（帰宅）　⑥ちこく（遅刻）　⑦ちょうしょく（朝食）　⑧かぐ（家具）

　⑨うごかして（動かして）　⑩そうじき（掃除機）

4課（か）　生活（せいかつ）2：食生活（しょくせいかつ）　　　　　　　P14～P17

I. 言葉（ことば）を覚（おぼ）えよう ≫

1-3 (1) 生（なま）　(2) 香（かお）り　(3) 軟（やわ）らかい　(4) 材料（ざいりょう）　(5) 油（あぶら）

2-3 (1) 舌（した）　(2) 酔（よ）う　(3) 火傷（やけど）　(4) からから　(5) 食費（しょくひ）

II. 練習しよう（れんしゅう）≫

1 （解答例（かいとうれい））

(1) リンゴの皮（かわ）をむく。　　(2) 砂糖（さとう）とレモン汁（じる）を加（くわ）える。

(3) 鍋（なべ）で20分（ぶん）ぐらい煮（に）る。　(4) 容器（ようき）に移（うつ）す。

(5) 冷蔵庫（れいぞうこ）に入（い）れて、保存（ほぞん）する。

2 (1) ①a　②b　③c　(2) ①b　②c　③a

3 (1) b　(2) b　(3) a　(4) b　(5) b

4 (1) c　(2) e　(3) a　(4) b　(5) d

5 ①ちゅうもん（注文）　②なま（生）　③こうきゅう（高級）　④メニュー　⑤マナー

　⑥しはらい（支払い）　⑦のこして（残して）　⑧かんぱい（乾杯）　⑨ついか（追加）

　⑩よって（酔って）

4

5課　生活3：家　　　　　　　　　　　　　　　　P18〜P21

Ⅰ．言葉を覚えよう ≫

[1-3]　(1) 土地　(2) 完成　(3) 工事　(4) デザイン　(5) 設計　(6) 地下

[2-3]　(1) 商店街　(2) 家賃　(3) 付き　(4) 傷　(5) 当たる　(6) 影

Ⅱ．練習しよう ≫

1 (1) ①6　②南　③風呂・トイレ　④いい／よい

(2) ①部屋は3畳　②窓は北向き　③風呂・トイレなし　④日当たりは悪い

2 (1) 中心　(2) 建設　(3) インテリア　(4) かなり　(5) 引っ越し

3 (1) a　(2) b　(3) b　(4) a　(5) b

4 (1) ①c　②a　③b　(2) ①c　②b　③a

5 ①じたく (自宅)　②かなり　③かんせい (完成)　④たって (建って)　⑤マンション

⑥ちゅうしん (中心)　⑦しょうてんがい (商店街)　⑧ちく (地区)　⑨むき (向き)

⑩あたり (当たり)　⑪せっけい (設計)　⑫なし　⑬スペース　⑭かぐ (家具)

⑮かち (価値)

実力を試そう（1課〜5課）　　　　　　　　　　　　P22〜P23

1. [1] 4　[2] 3　[3] 1　[4] 4　[5] 3　[6] 1　[7] 3　[8] 4

2. [1] 2　[2] 2　[3] 3　[4] 3

3. [1] 1　[2] 4　[3] 3　[4] 4

6課　体1：美容、健康　　　　　　　　　　　　　　P24〜P27

Ⅰ．言葉を覚えよう ≫

[1-3]　(1) しわ　(2) クリーム　(3) 外食　(4) 美容院　(5) まったく

[2-3]　(1) 筋肉　(2) 体操　(3) 息　(4) 普段　(5) 禁煙

Ⅱ．練習しよう ≫

1 ①姿勢　②しわ　③みっともない　④雰囲気・まったく　⑤髪　⑥肌

⑦スタイル／姿勢　⑧濃い

2 (1) 伸ばし　(2) 無駄　(3) 意志　(4) 全身　(5) 中年

3 (1) a　(2) a　(3) b　(4) a　(5) b

4 (1) ①a　②c　③b　(2) ①b　②a　③c

5 ①いき(息) ②あせ(汗) ③たいりょく(体力) ④いし(意志) ⑤じしん(自信)

⑥こうか(効果) ⑦しせい(姿勢) ⑧きんにく(筋肉) ⑨スタイル

⑩ふだん(普段) ⑪がいしょく(外食) ⑫カロリー ⑬けんこう(健康)

⑭はだ(肌) ⑮ふんいき(雰囲気)

7課 体2：病気　　　　　　　　　　　　　　P 28～P 31

Ⅰ．言葉を覚えよう ≫

1-3 (1) 測る (2) 冷やす (3) 薬局 (4) 火傷 (5) マスク

2-3 (1) 回復 (2) お見舞い (3) ガン (4) 助かる (5) 異常

Ⅱ．練習しよう ≫

1 (1) b (2) a (3) a (4) b (5) a (6) a

2 (1)①a ②c ③b (2)①c ②a ③b

3 (1) 痛み (2) 苦しむ (3) 温める (4) 感じ (5) 助ける

4 (1) 検査 (2) 発見 (3) 清潔 (4) ほぼ

5 (1) e (2) c (3) a (4) b (5) d

6 ①たいおん(体温) ②はかり(測り) ③じょうたい(状態) ④けんさ(検査)

⑤いたみ(痛み) ⑥がまん(我慢) ⑦かかって ⑧かいふく(回復)

8課 趣味と旅行1：スポーツ、芸術　　　　　　P 32～P 35

Ⅰ．言葉を覚えよう ≫

1-3 (1) ボール ＿　　　　　　　　(2) チーム ＿

(3) ト ＿ レ ＿ ニ ン グ ＿　　　(4) トップ ＿

(5) ゴール ＿　　　　　　　　　(6) コース ＿

2-3 (1) 楽器 (2) 表現 (3) 才能 (4) 感想 (5) 絵画 (6) ストーリー

Ⅱ．練習しよう ≫

1 (1) b (2) a (3) a (4) b (5) b

2 (1) 演奏 (2) 優勝 (3) 開始 (4) 感情 (5) 出場 (6) トレーニング

3 (1) d (2) b、c (3) a (4) b、d (5) b (6) c (7) b

4 (1)①b ②a ③c (2)①a ②c ③b (3)①c ②a ③b

5 ①おすすめ(お勧め) ②さいのう(才能) ③かんとく(監督) ④にんき(人気)

⑤はいゆう(俳優) ⑥じょゆう(女優) ⑦トレーニング ⑧だいひょう(代表)

⑨しゅつじょう（出場）　⑩ゆうしょう（優勝）　⑪ストーリー　⑫がっき（楽器）

⑬えんそう（演奏）　⑭さくひん（作品）

9課　趣味と旅行2：ファッション　　　P 36〜P 39

Ⅰ. 言葉を覚えよう ≫

1-3　(1) きつい　(2) 試着　(3) 袖　(4) 着替える　(5) デザイン

2-3　(1) 服装　(2) 真っ赤／派手　(3) 模様　(4) 地味

Ⅱ. 練習しよう ≫

1 (1) a　(2) b　(3) a　(4) b　(5) b

2 (1) ぴったり　(2) 無地　(3) 合わせた　(4) 緩い　(5) 最新　(6) 関心

3 (1)①b　②a　③c　(2)①a　②b　③c　(3)①c　②b　③a

4 (1) ×　(2) ○　(3) ×　(4) ×　(5) ×　(6) ×

5 ①しちゃく（試着）　②サイズ　③きつくて　④そで（袖）　⑤オレンジ　⑥ピンク

⑦はで（派手）　⑧ぴったり

10課　趣味と旅行3：旅行　　　P 40〜P 43

Ⅰ. 言葉を覚えよう ≫

1-3　(1) ガイド　(2) 予算　(3) 休憩　(4) キャンセル

2-3　(1) 満員　(2) 無事　(3) 国内線

Ⅱ. 練習しよう ≫

1 (1) b　(2) a　(3) b　(4) a

2 (1) 検査　(2) ドライブ　(3) 集合　(4) くたびれた　(5) 風景　(6) 到着

3 (1)①d　②a　③b　④c　(2)①b　②a　③d　④c

4 (1)①b　②c　③a　(2)①c　②a　③b　(3)①c　②b　③a

5 ①ぶじ（無事）　②とうちゃく（到着）　③くたびれ　④いどう（移動）

⑤どうろ（道路）　⑥じゅうたい（渋滞）　⑦のろのろ　⑧よって（酔って）

⑨きゅうけい（休憩）　⑩かんこう（観光）　⑪おもいで（思い出）

⑫おみやげ（お土産）

実力を試そう（6課〜10課）　　　P 44〜P 45

1.　1 3　2 3　3 2　4 1　5 4　6 1　7 1　8 1

2. ①1 ②1 ③3 ④4

3. ①4 ②1 ③3 ④3

11課　教育1：学校生活（小中高）　　P 46〜P 49

Ⅰ. 言葉を覚えよう ≫

[1-3] (1) 居眠り　(2) 学期　(3) プリント　(4) 部／クラブ

[2-3] (1) 満点　(2) スピーチ　(3) 単語　(4) 内容　(5) 初級

Ⅱ. 練習しよう ≫

1 (1) a　(2) b　(3) a　(4) b　(5) b

2 (1) 通学　(2) 習って／教わって　(3) 暗記　(4) おしゃべり　(5) 遅刻　(6) 理解

3 (1)①c　②b　③a　(2)①b　②a　③c　(3)①a　②c　③b

4 (1) に　(2) を　(3) に　(4) に　(5) に／から、を　(6) で、に／へ　(7) に／へ、を
(8) と、を　(9) で、を

5 ①つうがく（通学）　②ちこく（遅刻）　③けっせき（欠席）　④とくい（得意）
⑤にがて（苦手）　⑥せいせき（成績）　⑦がくねん（学年）　⑧クラブ
⑨おそわって（教わって）　⑩まんてん（満点）　⑪ ないよう（内容）
⑫りかい（理解）　⑬いねむり（居眠り）

12課　教育2：学校生活（大学）　　P 50〜P 53

Ⅰ. 言葉を覚えよう ≫

[1-3] (1) 国立　(2) 不合格　(3) 結果　(4) 解答

[2-3] (1) 提出　(2) 留学　(3) サークル　(4) 卒業論文／卒論　(5) アドバイス／コメント

Ⅱ. 練習しよう ≫

1 (1) b　(2) b　(3) a　(4) b　(5) b

2 (1) 一人暮らし　(2) 努力　(3) 徹夜　(4) 受験　(5) 確認　(6) 課題

3 (1)①b　②a　③c　(2)①b　②c　③a　(3)①a　②b　③c

4 (1) b　(2) d　(3) e　(4) a　(5) c

5 ①りゅうがく（留学）　②じゅけん（受験）　③てつや（徹夜）
④まちがった（間違った）　⑤ミス　⑥ごうかく（合格）　⑦アドバイス
⑧こくりつ（国立）　⑨しりつ（私立）　⑩がくひ（学費）　⑪りょう（寮）

13課 仕事1：仕事　　　　　　　　　　　　　　　　　　　P54～P57

Ⅰ. 言葉を覚えよう ≫

1-3　(1) 生年月日　(2) 募集　(3) 免許　(4) 履歴書　(5) 就職

2-3　(1) 通勤　(2) ボーナス　(3) 給料　(4) 販売　(5) 時給／給料

Ⅱ. 練習しよう ≫

1 (1) b　(2) a　(3) b　(4) a　(5) b

2 (1) 記者　(2) モデル　(3) 看護師　(4) 公務員　(5) 政治家　(6) 職人

3 (1) 残業　(2) きつい　(3) スケジュール　(4) 出勤　(5) 深夜

4 (1)①c　②b　③a　(2)①b　②a　③c

5 ①しゅうしょく(就職)　②スタッフ　③ぼしゅう(募集)　④りれきしょ(履歴書)

　　⑤めんせつ(面接)　⑥めんきょ(免許)　⑦しかく(資格)　⑧しょるい(書類)

　　⑨しりょう(資料)　⑩せいり(整理)　⑪やめ(辞め)　⑫さぎょう(作業)

　　⑬しじ(指示)　⑭ついて(就いて)

14課 仕事2：コンピューター、郵便、電話など　　　　　P58～P61

Ⅰ. 言葉を覚えよう ≫

1-3　(1) インターネット　　　(2) ス＿イッチ

　　　(3) ク＿リック　　　　　(4) ホーム＿ページ

　　　(5) サービ＿ス　　　　　(6) パ＿ス＿ワード

2-3　(1) 届く　(2) マナー　(3) 配達　(4) メッセージ　(5) 切れる

Ⅱ. 練習しよう ≫

1 (1) b　(2) b　(3) a　(4) b　(5) b

2 (1)①a　②c　③b　(2)①c　②a　③b　(3)①a　②b　③c

3 (1) パスワード　(2) ファックス　(3) マナー　(4) マウス

4 (1) 郵送　(2) つながり　(3) しゃべった　(4) 電源

5 (1) ○　(2) ○　(3) ×　(4) ○　(5) ○　(6) ×

6 ①チェック　②スイッチ　③ファイル　④かくにん(確認)　⑤れんらく(連絡)

　　⑥けいたいでんわ(携帯電話)　⑦メッセージ　⑧のこす(残す)

9

実力を試そう（11課〜14課） P62〜P63

1. 1 4　2 3　3 4　4 2　5 3　6 3　7 3　8 1
2. 1 1　2 2　3 4　4 1
3. 1 4　2 4　3 4　4 3

15課　社会1：事件、事故 P64〜P67

I. 言葉を覚えよう ≫

1-3　(1) エ　(2) ウ　(3) ア　(4) イ

2-3　(1) ブレーキ　(2) 防ぐ　(3) 起こる　(4) 信号　(5) 歩道　(6) スピード

II. 練習しよう ≫

1　(1) b　(2) b　(3) b　(4) b　(5) a　(6) b　(7) a

2　①事件　②犯人　③奪って　④撃った　⑤逮捕　⑥殴られた

3　(1) 調査　(2) 気を付け　(3) トラブル　(4) 逮捕

4　(1) ① c　② b　③ a　(2) ① b　② c　③ a

5　①ようす（様子）　②ころされる（殺される）　③じけん（事件）　④だまして

　⑤うけとって（受け取って）　⑥あやしい（怪しい）　⑦ころした（殺した）

　⑧みとめて（認めて）

16課　社会2：政治、経済 P68〜P71

I. 言葉を覚えよう ≫

1-3　(1) 権利　(2) 投票　(3) 責任　(4) 平等　(5) デモ　(6) 国民

2-3　(1) 売れる　(2) 料金　(3) ただ／無料　(4) 貧しい　(5) 節約

II. 練習しよう ≫

1　(1) b　(2) a　(3) b　(4) b　(5) a

2　(1) マスコミ　(2) 物価　(3) 借金　(4) 値下げ　(5) 無料　(6) 戦って

3　無〜：責任　批判　不〜：平等　公平　安定　景気

4　(1) ① a　② b　③ c　(2) ① b　② c　③ a

5　(3)→(2)→(6)→(5)→(4)→(1)

6　①せんきょ（選挙）　②ぜいきん（税金）　③りょうきん（料金）　④むりょう（無料）

　⑤まずしい（貧しい）　⑥こうへい（公平）　⑦けんり（権利）　⑧まもる（守る）

⑨びょうどう（平等）　⑩じつげん（実現）　⑪とうひょう（投票）

17課　社会3：行事、宗教　　　　　　　　　　　　P 72～P 75

Ⅰ. 言葉を覚えよう ≫

1-3　(1) お祝い　(2) 年末年始　(3) 祝う　(4) 贈る　(5) 成人　(6) 飾り

2-3　(1) 当たる　(2) 運　(3) 平和　(4) 願う　(5) 宗教／神　(6) 墓

Ⅱ. 練習しよう ≫

1 (1) a　(2) b　(3) a　(4) a

2 (1) ラッキー　(2) 参加　(3) 贈る　(4) 幸福　(5) 未来　(6) 合わせる

3 ～会：運動　研究　誕生　発表　勉強　～式：結婚　成人　卒業　入学

4 (1)①b　②c　③a　(2)①c　②b　③a

5 (1) ×　(2) ○　(3) ×　(4) ×　(5) ○　(6) ○

6 ①しゅうきょう（宗教）　②しんじて（信じて）　③たんじょう（誕生）

④いわう（祝う）　⑤けっこんしき（結婚式）　⑥あげる（挙げる）　⑦クリスマス

⑧そうしき（葬式）　⑨はか（墓）　⑩うらない（占い）　⑪うらなう（占う）

18課　自然1：季節と天気、地理　　　　　　　　　P 76～P 79

Ⅰ. 言葉を覚えよう ≫

1-3　(1) まぶしい　(2) 虹　(3) 超える　(4) 四季　(5) パーセント

2-3　(1) 湖　(2) あふれる　(3) 都会　(4) 火山　(5) 大陸　(6) 農業

Ⅱ. 練習しよう ≫

1 (1) b　(2) a　(3) b　(4) a　(5) b

2 (1) 乾燥　(2) 蒸し暑い　(3) 近付い　(4) ふるさと　(5) 太陽　(6) 爽やか

3 (1)①b　②c　③a　(2)①c　②a　③b

4 (1)①d　②c　③b　④a　(2)①c　②d　③b　④a　(3)①d　②b　③c　④a

5 ①こきょう（故郷）　②ちいき（地域）　③ちほう（地方）　④とかい（都会）

⑤みずうみ（湖）　⑥はなれて（離れて）　⑦なつかしい（懐かしい）

⑧うかぶ（浮かぶ）　⑨しずむ（沈む）　⑩ながめ（眺め）

19課　自然2：植物、動物など　　　　P 80〜P 83

Ⅰ．言葉を覚えよう ≫

1-3　(1) 当たる　(2) 新鮮　(3) 果実　(4) 散る　(5) 芽

2-3　(1) 3匹の猿　(2) 2羽の鶏　(3) 1頭の牛

　　　(4) 1匹の猫　(5) 2匹の魚　(6) 3匹の蚊

Ⅱ．練習しよう ≫

1 (1) a　(2) a　(3) a　(4) b　(5) a　(6) b

2 (1) 伸び　(2) 減って　(3)①禁止　②捕っ　(4) 豊富

3 (1)①a　②c　③b　(2)①c　②b　③a

4 ①種　②植えれば　③採れる　④育てた　⑤出て　⑥伸びて　⑦採って

　　⑧当たって　⑨計画　⑩当たり　⑪冷やそう　⑫刺し　⑬当たり

実力を試そう（15課〜19課）　　　　P 84〜P 85

1.　1 3　2 1　3 3　4 2　5 4　6 3　7 4　8 1

2.　1 1　2 2　3 3　4 1

3.　1 2　2 1　3 4　4 3

20課　数、量　　　　P 86〜P 89

Ⅰ．言葉を覚えよう ≫

1-2　(1) 余裕　(2) 減らす　(3) 減る　(4) 余る　(5) 倍　(6) 量る

2-2　(1) 最低　(2) サイズ　(3) 最大　(4) 合計　(5) 加える　(6) すべて

Ⅱ．練習しよう ≫

1 (1) b　(2) b　(3) a　(4) a　(5) b

2 (1) ×　(2) ×　(3) ○　(4) ×　(5) ×

3 (1) 面積　(2) 不足している　(3) 増やし　(4) マイナス　(5) 全員

4 (1)①b　②a　③c　(2)①c　②b　③a

5 ①しょうしょう（少々）　②サイズ　③くわえて（加えて）　④へらす（減らす）

　　⑤にんずう（人数）　⑥ふやす（増やす）　⑦プラス　⑧あまった（余った）

12

21課　時間　　　　　　　　　　　　　　　　　　　　　P 90～P 93

I. 言葉を覚えよう ≫

1-2　(1) 日付　(2) 延期　(3) 経つ　(4) 期限　(5) 日中　(6) アラーム

2-2　(1) 以後　(2) 突然　(3) 前日　(4) 当日　(5) 今回

II. 練習しよう ≫

1　(1) a　(2) b　(3) b　(4) b　(5) a

2

前のこと		後のこと
(昨日)	(今日)	明日
先週	(今週)	(来週)
先月	(今月)	来月
昨年／去年	今年	(来年)
(前回)	今回	次回
(過去)	現在	未来
(前日)	当日	翌日

3　(1) 前後　(2) 翌日　(3) 突然　(4) 間もなく　(5) 平日　(6) 過去

4　(1) ①c　②b　③a　(2) ①b　②c　③a

5　①たんき（短期）　②へいじつ（平日）　③にってい（日程）　④しゅうまつ（週末）
　　⑤きかん（期間）　⑥にっちゅう（日中）　⑦やかん（夜間）　⑧にちじ（日時）
　　⑨ちょうき（長期）

実力を試そう（20課～21課）　　　　　　　　　　　　　　P 94～P 95

1.　①2　②3　③4　④3　⑤1　⑥1　⑦1　⑧3

2.　①3　②2　③2　④2

3.　①4　②1　③3　④4

13

実力養成編　第2部　性質別に言葉を学ぼう

1課　和語動詞
P 98〜P 101

Ⅰ. 言葉を覚えよう ≫

1-2 (1)頼る (2)目立つ (3)冷める (4)代わる (5)くっつく (6)浮く

2-2 (1)延ばす (2)示す (3)囲む (4)求める (5)過ごす

Ⅱ. 練習しよう ≫

1 (1)が　たまる (2)が　かがやく (3)を　くう (4)を　かさねる (5)が　はえる

(6)が　きく (7)を　かたる

2 (1)あつかって (2)だまって (3)あきて (4)にぎって (5)もえて

(6)いじめられて (7)めざして (8)このんで

3 (1)を、で (2)を (3)を、で (4)で、を (5)で、に／へ (6)を (7)と

(8)を、で

Ⅱ. 実力を試そう ≫

1. 1️⃣1　2️⃣3　3️⃣3　4️⃣1

2. 1️⃣4　2️⃣3

3. 1️⃣3　2️⃣1

2課　漢語動詞
P 102〜P 105

Ⅰ. 言葉を覚えよう ≫

1-2 (1)評価 (2)印刷 (3)製造 (4)防止

2-2 (1)違反 (2)引退 (3)存在 (4)翻訳 (5)発展

Ⅱ. 練習しよう ≫

1 (1)①a　②c　③b (2)①c　②a　③b (3)①b　②a　③c

2 (1)を (2)に (3)と (4)を (5)と、を (6)に、が (7)に／と

3 (1)a (2)b (3)b、c (4)c (5)a、b

Ⅱ. 実力を試そう ≫

1. 1️⃣3　2️⃣1　3️⃣1　4️⃣3

2. 1️⃣2　2️⃣1

3. 1️⃣4　2️⃣2

3課　形容詞　　　　　　　　　　　　　　　　　　　　P 106〜P 109

Ⅰ. 言葉を覚えよう ≫

1-2　(1) 詳しい　(2) 貧しい　(3) 鈍い　(4) もったいない

2-2　(1) 平気　(2) 夢中　(3) わがまま　(4) 無事　(5) 迷惑　(6) 素敵　(7) 地味

Ⅱ. 練習しよう ≫

1 (1) 派手　(2) 鈍い　(3) 意地悪　(4) 怪しい

2 (1) d　(2) e　(3) c　(4) f　(5) b　(6) a

3 (1) 社会、国、生活　(2) 服、眼鏡、お店　(3) 男、話し方、運転
　 (4) 意見、質問、ナイフ　(5) 天気、性格、人

Ⅱ. 実力を試そう ≫

1. 1 4　2 1　3 3　4 2

2. 1 3　2 1

3. 1 2　2 4

4課　副詞　　　　　　　　　　　　　　　　　　　　　P 110〜P 113

Ⅰ. 言葉を覚えよう ≫

1-2　(1) たまに　(2) ともかく／とにかく　(3) 実は　(4) 確か

2-2　(1) 何で　(2) いくら　(3) まさか

Ⅱ. 練習しよう ≫

1 (1) ①b　②c　③a　(2) ①c　②b　③a　(3) ①b　②a　③c

2 (1) a　(2) b　(3) a　(4) a　(5) b　(6) a　(7) b

3 (1) ③②④①　(2) ②④①③　(3) ③②④①　(4) ②③④①

Ⅱ. 実力を試そう ≫

1. 1 2　2 2　3 4　4 3

2. 1 2　2 4

3. 1 1　2 1

5課　オノマトペ　　　　　　　　　　　　　　　　　　P 114〜P 117

Ⅰ. 言葉を覚えよう ≫

1-2　(1) そっと　(2) ぺらぺら　(3) こっそり　(4) ぐっすり

15

2-2 (1) がらがら (2) ぐらぐら (3) しんと／しいんと (4) たっぷり (5) しっかり

II．練習しよう ≫

1 (1) ①b ②c ③a (2) ①c ②b ③a (3) ①b ②a ③c

2 (1) ①c ②a ③b (2) ①b ②a ③c (3) ①c ②a ③b (4) ①a ②c ③b

3 (1) c (2) a (3) b (4) a (5) c

II．実力を試そう ≫

1. ①2 ②2 ③2 ④2

2. ①4 ②3

3. ①3 ②2

6課 間違えやすい漢語　　　　　　　　P118〜P121

I．言葉を覚えよう ≫

1-2 (1) 最終 (2) 頭痛 (3) 最新 (4) 実際 (5) 混乱

2-2 (1) 出身 (2) 理想 (3) 感動

II．練習しよう ≫

1 (1) c (2) a (3) a (4) c (5) b (6) b、c (7) b

2 (1) e (2) c (3) b (4) e (5) d (6) a (7) e (8) c

3 (1) 安定すれば／安定したら (2) 混雑していた (3) 基本的な／基本の (4) 一部の
(5) 一致した (6) 現実的な

II．実力を試そう ≫

1. ①1 ②4 ③3 ④4

2. ①3 ②3

3. ①3 ②1

7課 言い換え類義　　　　　　　　P122〜P125

I．言葉を覚えよう ≫

1-2 (1) わけ (2) 短所／欠点 (3) プラン (4) 誤り／間違い

2-2 (1) 当然／当たり前 (2) にこにこ (3) 再び (4) この頃 (5) そっくり

II．練習しよう ≫

1 (1) ①小さい ②プラン ③必ず ④レベル ⑤決まり
(2) ①交換する ②注意する ③戻す ④やめる ⑤疲れる

16

(3)①生活　②誤り　③相当　④年中　⑤イメージ

(4)①できるだけ　②同じところ　③さっき　④やり直す　⑤いいところ

2 (1)を　(2)で／に　(3)に／へ　(4)に／と

3 （解答例）

(1)①ぼんやりしている　②当然の　③気に入った

(2)①賢い　②にこにこしていて　③きつく

(3)①突然の　②苦し　③許可された

Ⅱ. 実力を試そう ≫

1. 1 4　2 1　3 1　4 1　5 1　6 4　7 4　8 4　9 3　10 2　11 3　12 3

8課　語形成　　　　　　　　　　　　　　　P 126～P 129

Ⅰ. 言葉を覚えよう ≫

1-2　(1)出来上がる　(2)打ち合わせ　(3)見直す　(4)待ち合わせ

2-2　(1)片　(2)向き　(3)元　(4)沿い　(5)大　(6)風　(7)行き

Ⅱ. 練習しよう ≫

1 (1)①人口、問題、学生　②成功、満足、都会　③週、晩、冬

(2)①毎　②着　③産　(3)①受け取る　②繰り返す　③区切る

(4)①申し込む　②通り過ぎる　③取り消す

2 (1)に　(2)に　(3)で　(4)で　(5)に　(6)で　(7)の　(8)に　(9)に／と　(10)が

3 (1)①c　②a　③b　(2)①c　②a　③b

Ⅱ. 実力を試そう ≫

1. 1 4　2 1　3 1　4 3

2. 1 3　2 2

3. 1 4　2 3

模擬試験

第1回　　　　　　　　　　　　　　　　　P 132～P 134

1. 1 3　2 3　3 1　4 1　5 3　6 2　7 1　8 3　9 2　10 3

2. 1 4　2 3　3 2　4 2　5 4

3. 1 2　2 4　3 1　4 3　5 2

17

P135〜P137

1. ①4 ②2 ③1 ④2 ⑤2 ⑥3 ⑦1 ⑧1 ⑨1 ⑩2
2. ①1 ②1 ③3 ④3 ⑤2
3. ①1 ②2 ③4 ④4 ⑤3